Peter Dyckhoff

Gottesmutter
mit drei Händen

Peter Dyckhoff

Gottesmutter mit drei Händen

media
maria

Bibliografische Information: Deutsche Nationalbibliothek.
Die Deutsche Nationalbibliothek verzeichnet diese Publikation in der
Deutschen Nationalbibliografie; detaillierte bibliografische Daten sind
im Internet über http://dnb.ddb.de abrufbar.

GOTTESMUTTER MIT DREI HÄNDEN
Peter Dyckhoff
Media Maria Verlag, 1. Auflage 2015
Alle Rechte vorbehalten

Umschlaggestaltung: Finken & Bumiller, Stuttgart
Satz: SATZstudio Josef Pieper, Bedburg-Hau
© Media Maria Verlag, Illertissen 2015
ISBN 978-3-9454010-4-0

www.media-maria.de

Inhalt

III. Betrachtung der Ikone »Tricherusa«
    durch Peter Dyckhoff

I.
Erste Begegnung

Die Ikone »Auferstehung Christi« (Höllenfahrt)

Soweit ich zurückdenken kann, gab es in unserer Familie – und sie war groß, denn mein Vater hatte fünf Geschwister – niemals eine andere Anrede für Mutter als »Mutter« und für Vater als »Vater«. Und zu unseren Großeltern sagten wir »Großmutter« und »Großvater«. Als ich später durch Spielgefährten erfuhr, mit welch zärtlichen Namen sie von ihren Eltern sprachen, hatte ich das Gefühl, etwas zu entbehren. Doch mit niemandem konnte ich darüber sprechen.

Obwohl mir in meinen drei ersten Lebensjahren beide Eltern zur Seite standen, kann ich mich an Vaters Gegenwart nicht erinnern. Er trat mit einem Schock in mein Leben. Ich muss damals drei oder knapp vier Jahre alt gewesen sein. Ich lebte mit Mutter allein, die oft sehr traurig war und viel von meinem Vater sprach. Von dem, was sie vom Krieg sagte, hatte ich keine Vorstellung; es war nicht greifbar und fühlbar für mich. Schön und wohltuend jedoch war es, jede Nacht neben ihr in Vaters Bett schlafen zu dürfen. Eines Abends – für mich war es schon tiefe Nacht – weckte Mutter mich ganz erschrocken. Sie machte Licht und horchte. Dann klopfte es an die Schlafzimmertür, die sich gleich darauf öffnete. Ich bekam einen riesengroßen Schreck: In der Tür stand ein ganz großer Mann in Militäruniform.

Er sagte nichts und schaute uns an. Es muss eine Ewigkeit gedauert haben – so kam es mir vor –, weil niemand sich bewegte oder ein Wort sagte, bis Mutter ausrief: »Rolf!«

Von diesem Augenblick an hatte ich einen leibhaften Vater, der auch bei mir blieb, innerlich, als er nach seinem überraschenden Fronturlaub nach einigen Tagen in den Krieg zurückmusste.

Gott sei Dank kam Vater im Sommer 1945 nach kurzer russischer Gefangenschaft nach Hause, und mit ihm begann nicht nur für Mutter, sondern auch für mich das Leben neu. 1950 hatte er mithilfe der Familie das Haus wieder so weit hergerichtet, dass wir einziehen konnten. Vorher wohnten wir behelfsmäßig bei den Großeltern. Ich durfte als Erster die Nacht im »neuen« Haus verbringen – einen Tag vor dem Umzug. Ich war damals dreizehn Jahre alt und ging zum Gymnasium.

Unser Garten grenzte an ein Grundstück, das einem Zahnarzt gehörte. Sein Haus wurde im Krieg nicht zerstört, sodass die Familie, abgesehen von einer Einquartierung, ungehindert darin wohnen bleiben konnte. Eine Tochter, sie hieß Mariele, war ungefähr so alt wie ich. Wir lernten uns am Zaun der Gärten kennen und tauschten fast täglich Neuigkeiten aus. Eines Nachmittags schenkte sie mir ein Blatt mit einem bunten Bild und sagte, dies sei eine Ikone, ein russisches Heiligenbild. Ich war erstaunt, von ihr zu hören, dass die Russen sogar ein Heiligenbild haben.

Obwohl der Krieg schon einige Jahre beendet war, verband ich mit dem Wort »Russland« nur etwas Schreckliches. Umso mehr interessierte mich jetzt dieses Bild, das sich Ikone nannte. Ich schaute zum ersten Mal in meinem Leben bewusst auf eine Ikone – sie roch nach Zahnarzt. Als ich Mariele fragte: »Woher hast du dieses schöne Bild?«, sagte sie: »Im Wartezimmer unserer Praxis liegen Magazine. Und da ich dachte, dir könnte das Bild gefallen, habe ich die Seite herausgerissen.« Ich hielt zum ersten Mal eine richtige Ikone in meinen Händen und durfte sie behalten. Sie zu entdecken nahm ich mir für später vor, wenn ich allein sein würde.

Alles hatte etwas Geheimnisvolles für mich: Ein russisches Bild, das mir jemand schenkte, und dazu noch ein Mädchen, das es aus einer Zeitschrift heimlich und eigens für mich herausgerissen hatte. Das Wort »Ikone« klang so schön fremd und geheimnisvoll. All das wollte behütet und bewahrt werden; und so versteckte ich das Bild in meinem Zimmer, um es am Abend in Ruhe anzuschauen.

»In der Tür stand ein ganz großer Mann. Er sagte nichts und schaute …« Der Mann sieht aus wie Vater, nur dass er ein rotes Gewand trägt. Der Mann, der im grünen Rahmen erscheint, ist Vater, und der Augenblick der bewussten ersten Begegnung mit ihm wurde beim Anschauen der Ikone lebendig. Dies war und ist das größte Geheimnis, das die Ikone für mich ausstrahlt. Ich habe mit niemandem darüber gesprochen, denn dieses Geheimnis wollte ich für mich behalten.

Von einem Schreiner ließ ich mir ein Holzbrett schneiden, dessen Vorderseite ich sorgsam mit feinem Schmirgelpapier glättete, um behutsam die Ikone darauf zu kleben. Ich bohrte ein Loch oben in die Rückseite und hängte sie an einen Nagel flach an die Wand meines Zimmers, so, dass ich sie von allen Seiten sehen konnte. Irgendjemand, dem ich sie einmal stolz zeigte, gab mir den Rat, die Ikone mit einer feinen farblosen, durchsichtigen Lackschicht zu überziehen, um sie vor Feuchtigkeit und Kratzern zu schützen.

So begleitete mich diese russische Ikone der »Auferstehung Christi«, die auch »Höllenfahrt Christi« genannt wird, noch weit in meine Studentenjahre hinein. Das Bild von der plötzlichen Erscheinung meines Vaters muss so tief in meine Seele gefallen sein oder sich wie ein Wasserzeichen in sie eingeprägt haben, dass mir beim Anschauen dieser Ikone nach vielen Jahren dieses Geschehen in seiner ganzen Tiefe bewusst geworden ist. Oft habe ich still vor dieser Ikone gebetet, wenn ich leidvoll erfahren musste, dass sich meine Sehnsucht nicht erfüllte oder ich schlechte Noten von der Schule mit nach Hause brachte. Am intensivsten jedoch habe ich vor dieser Ikone gebetet, ja, um Hilfe gerufen, als mein Vater durch einen Autounfall tödlich verunglückte. Ich habe den Herrn angefleht, dass er mir seine Hand reichen und mir Kraft geben möge, um die vielen Aufgaben, die mir Vater hinterlassen hatte, zu bewältigen. Ich war damals fünfundzwanzig Jahre alt. Doch Vater war so weit entfernt von mir und ebenso Christus, dass ich weder eine liebende, rettende Hand noch Kraft spürte, um die Arbeit von Vater erfolgreich weiterzuführen. In vielem habe ich damals versagt und bin eigenwillige Wege gegangen, die mich in eine Sackgasse führten. Die »Auferstehung Christi« oder die »Höllenfahrt« verlor ich aus den Augen, da mir meine Belange und die Erfüllung nicht guter Wünsche wichtiger waren.

Nach sieben unguten Jahren durfte ich erfahren, dass die Liebe Christi mit mir hinabgestiegen war. Ich empfand, dass der Herr mir in der Begegnung mit dem »Ruhegebet«, bei dem immer wieder das Erbarmen Christi angerufen wird, seine Hand reichte, um mich aus den Verstrickungen zu befreien. Und auf einmal entdeckte ich die Liebe zu meiner russischen Ikone, der »Auferstehung Christi«, ganz neu in mir, tief greifender, im hoffnungsvollen Aufschauen, in erwartender Freude auf etwas Großes, das der Herr für mich, ja, für alle Menschen bereitet hat.

Die Ikone aus meiner Jugendzeit gab es nicht mehr. Auf einer Reise mit meiner Mutter nach Kreta entdeckte ich im Klosterladen eines griechischen Mönchsklosters eine wunderbar gefertigte »Anastasis« (Auferstehung), eine Abschrift der mir vertrauten und ans Herz gewachsenen russischen Ikone. Ich konnte sie erwerben und von da an hüte ich sie in ganz besonders liebevoller Weise. Jedes Mal, wenn ich Vorträge über das Ruhegebet halte und einzelne Menschen in diese wunderbare Gebetsweise einführe, geschieht dies in Anwesenheit der Ikone.

Anastasis
Russische Ikone (Pskov)
14. Jahrhundert, St. Petersburg

*Nun aber ist Christus von den Toten auferweckt worden
als der Erste der Entschlafenen. Da nämlich durch einen
Menschen der Tod gekommen ist, kommt durch einen
Menschen auch die Auferstehung der Toten. Denn wie in
Adam alle sterben, so werden in Christus alle lebendig
gemacht werden.*

1. Korintherbrief 15,20–22

In der westlichen Kirche wird der Auferstandene vornehmlich als Sieger abgebildet, der mit einer Siegesfahne dem Grab entsteigt. Die ostkirchlichen Ikonen der »Auferstehung« (Anastasis) dagegen zeigen Jesus, wie er hinabsteigt in das Reich des Todes. Sie werden daher auch »Höllenfahrt Christi« genannt. Von den Evangelisten erwähnt nur Matthäus kurz dieses Geschehen:

Denn wie Jona drei Tage und drei Nächte im Bauch des Fisches war, so wird auch der Menschensohn drei Tage und drei Nächte im Innern der Erde sein (Matthäus 12,40).

Die Ikone ist gestaltet nach dem apokryphen Nikodemus-Evangelium (5. Jahrhundert). Darin ist ausführlich die Höllenfahrt Christi beschrieben. Christus hat den Tod durch den Tod besiegt. Durch sein Kommen zerbrechen die schweren Pforten und eisernen Riegel der Unterwelt.

Die meisten Darstellungen der »Höllenfahrt« in der ostkirchlichen Kunst zeigen den »Descensus«, das heißt, das Hinabschreiten oder Niederbeugen Christi zu den Voreltern. Auf unserer Pskover-Ikone jedoch hat Christus bereits die Hölle verlassen und ist im Aufstieg begriffen, indem er Adam und Eva an sich zieht. Bei allen Auferstehungs-Ikonen der Ostkirche, die gleichzeitig Erlösungs-Ikonen sind, steht die heilsgeschichtliche Bedeutung im Vordergrund: die Errettung nicht nur der Voreltern und Gerechten des Alten Testamentes, sondern aller Menschen, und die Überwindung des Todes durch das Erlösungswerk Jesu Christi. Die Oster-Ikone »Abstieg ins Totenreich« möchte dem Betrachter zeigen, wie die Liebe Jesu auf seinem Weg des Abstiegs sichtbar wird und gleichzeitig, wie sich das Irdische mit dem Himmlischen wieder verbindet. Gott steigt in Jesus Christus zu uns Menschen herab, wird ein Mensch wie wir und geht mit uns in jegliches Leiden hinein. Er ist sogar da noch gegenwärtig, wo ein Mensch in äußerster Verlassenheit und Gott abgewandt stirbt. Die Ikone geht noch einen Schritt weiter und erzählt das Geheimnis, wie Jesus Christus in die Finsternis der Totenwelt hinabsteigt, sie besiegt und alle zu sich ins Leben ruft.

In der ältesten Mariendichtung der Ostkirche, im byzantinischen Kirchenhymnus »Akathistos«, einem Lobgesang auf die Gottesmutter, heißt es:

Weil er aus Liebe alle begnadigen wollte,
welche der Strafe schuldig sind, kam ureigens er,
der alle Menschen freispricht,
heim als ein Fremder zu denen,
welche fern seiner Gnade lebten.
Und als er so den Schuldschein zerriss,
hörte er aus aller Munde:
Halleluja, Halleluja, Halleluja.

Beim längeren Anschauen der Ikone ist im Aufstieg Jesu und der Befreiten eine tragende Kraft zu spüren, die den Menschen in seinem inneren Kampf stärken und seine ihm eingestiftete Sehnsucht nach dem göttlichen

Licht und der göttlichen Liebe bewusst machen will. Alles Schwere und nach unten Ziehende wird von Jesu Christi ergreifender Liebe leuchtend umhüllt und leicht:

Wach auf, du Schläfer, und steh auf von den Toten und Christus wird dein Licht sein (Epheserbrief 5,14).

Gegen Ende des zehnten Jahrhunderts beginnt in Russland die christliche Kultur. Leider gibt es von den frühen russischen Ikonen nur noch sehr wenige, da durch den Tataren-Einfall in den Dreißigerjahren des dreizehnten Jahrhunderts die Zeugnisse der russischen Bildkunst fast völlig vernichtet wurden. So hat sich die russische Ikonenmalerei neu durch Anregungen verschiedenster Art entwickelt, sowohl dem Stil als auch der Maltechnik nach. Vorbilder der russischen Ikonenmaler waren Ikonen, die von Feldzügen aus Konstantinopel und den Küstenstädten des Schwarzen Meeres mit nach Russland gebracht wurden. Orientalisch-syrische Ikonen wurden durch Pilger bekannt, die die heiligen Stätten in Israel besuchten, griechische Ikonen durch Geistliche, die zur Bekehrung nach Russland kamen. Sie brachten häufig viele Ikonen mit, um sie den russischen Fürsten als Geschenke zu überreichen.

Neben Novgorod kann auch Pskov (Pleskau) auf eine reiche künstlerische Vergangenheit zurückblicken. Die Schule von Pleskau (14. und 15. Jahrhundert), die viele neue ikonografische Themen entwickelte, zeichnete sich durch betont volkstümliche Züge aus, die sich in den Ikonen widerspiegeln. Sie sind schlicht, aber von großer Ausdruckskraft. Auffallend sind die Farben, in denen ein starkes Grün und orangefarbige Töne vorherrschen.

Der kirchenslawische Text auf der Pskover-Ikone der »Höllenfahrt Christi« oberhalb der grünen Mandorla oder Lichtaura lautet: »Die Auferstehung unseres Herrn und Gottes Jesus Christus.«

Einen deutlichen Kontrast zu der kraftvollen und dynamischen Aufwärtsbewegung bilden die Reihen der alttestamentlichen Zeugen hinter den Stammeltern der Menschen, Adam und Eva. In einer feierlichen Haltung, die überirdische und göttliche Ruhe ausstrahlt, schauen sie zu, was hier geschieht. Links hinter Adam sind die beiden Könige Salomo und David zu sehen als alttestamentliche vorausweisende Zeugen der Auferstehung Christi. Von oben rechts schauen der bärtige und kraushaarige Täufer Johannes und ein von der Geistesflamme berührter Prophet dem Geschehen zu. Als Ornament verwendet der Maler dieser Ikone eine dichte Folge von weißen Punkten.

In einem Band oberhalb der Höllenfahrt ist eine Gruppe von zehn Heiligen gemalt, deren Mitte der heilige Nikolaus bildet. Er schaut den Betrachter an, während links vier und rechts fünf Heilige auf ihn blicken. Von links nach rechts gesehen sind es folgende Heilige: die als Ordensfrau erscheinende Märtyrerin Paraskeve, die in der rechten Hand ein Kreuz trägt; Kosmas, der als arabischer Arzt kranke Menschen und Tiere unentgeltlich behandelte; der ein rotes Pallium tragende Erzengel Michael, göttlicher Bote und Führer der himmlischen Heerscharen, der die Gebete der Menschen zu Gott bringt und die Seelen der Verstorbenen ins

Paradies geleitet – erkennbar an den Flügeln; die Gottesmutter mit weit ausgestreckten offenen Händen, die auf Nikolaus weisen. Nikolaus, Bischof, Beschützer und Helfer, der neben Maria der meistverehrte Heilige der Ostkirche ist, trägt in der rechten Hand einen Evangelienkodex, mit hoher Stirn und breiten Schläfen stellt er den ausgesprochenen Asketentypus dar; Georg, hier unbewaffnet, ist der nach Nikolaus wohl am meisten verehrte Heilige, er trägt ein Handkreuz und einen rotfarbigen Umhang, seine rechte geöffnete Hand weist auf Nikolaus hin. Der Erzengel Gabriel, der auch Mann oder Stärke Gottes genannt wird und die Befehle Gottes ausführt, ist in der Reihe der Heiligen durch seine Flügel besonders gekennzeichnet; der Prophet Elias, der mit einem feurigen Wagen zum Himmel fuhr, ist hier als Greis mit Bart und ruppigen Haaren dargestellt, der mit der rechten Hand seinen Umhang festhält. Demetrius, ein junger bartloser Mann, der von Lanzen durchbohrt wurde, ist in ein rotes Gewand gehüllt als Zeichen seines Martyriums; Barbara, die als Patronin der Sterbenden gilt, trägt einen Schutzmantel. Sie hält in der Rechten ein Handkreuz und ihr Haupt ziert die Märtyrerkrone.

In einem nächsten Schritt möchte ich mich meditativ und betend dem eigentlichen Geschehen widmen, das die Pskover-Ikone darstellt: der Auffahrt Jesu Christi aus der Finsternis des Todes. Der Abstieg in den Tod wird zu einem siegreichen Aufstieg in das Reich des Vaters, dargestellt durch die grüne mandelförmige Gloriole (Mandorla), auf der Köpfe von Engeln mit Flügeln zu sehen sind.

Herr, Jesus Christus, du steigst hinab
in die Tiefen der Erde,
zermalmtest die Ketten der Toten und standest –
wie Jonas aus dem Meerungetüm – auf aus dem Grab.
Durch dich feiern wir die Tötung des Todes,
die Vernichtung des Bösen,
den Anbruch des ewigen Lebens.
Nun ist alles voller Licht.
Darum jubelt die ganze Schöpfung
über deine Auferstehung.
Lass uns durchstrahlt werden
von dieser Freude und gemeinsam rufen:
Christus ist wahrhaft auferstanden!
(Osterkanon des Johannes von Damaskus,
gest. um 754)

Der Urheber des Lebens ist hinabgestiegen zu den Toten, und damit wendet sich alles menschliche Leid und
der Tod zum Leben. Er ist hinabgefahren in die uner-
forschten dunklen Gründe unseres Herzens und unserer Seele, um uns und alles im Dunkeln Liegende zu
wecken und uns emporzureißen in sein wunderbares
Licht. Die ausgestreckten Hände des Erlösers haben
zwei Gestalten im Griff. Es sind die Stammeltern des
Menschengeschlechts: Adam und Eva. In ihnen sind
wir alle von Gott ergriffen. Das Handgelenk Adams
wie auch das Evas liegt fest und sicher im Griff des Erlösers, was die Stammeltern und damit auch alle Menschen als mit dem Herrn unlösbar verbunden aus-
weist. Das jedoch können sie in diesem Augenblick weder fassen noch begreifen. Der von Gott Ergriffene ist
noch gebunden an das Unten und wie gelähmt von

Todesbefangenheit. Wie im Traum, wie im Halbschlaf, wirken ihre Gesichter.

In dem Augenblick, in dem Christus Adam und Eva aus ihrer kastenförmigen Gruft zu sich zieht und sie sich zu ihm aufrichten, bildet sich um ihr Haupt eine goldene Aura.

Der erste Adam wollte ohne Gott selbst werden wie Gott. Besonders wenn wir Schlechtes über andere reden und über sie urteilen, bricht auch bei uns das ererbte Verlangen, alles ohne Gott selbst in die Hand nehmen zu wollen, wieder durch und belastet uns und denjenigen, über den wir richten. Der zweite Adam, Christus, ist gekommen, um einzig und allein Gottes Auftrag und seinen Willen zu erfüllen: unsere Rettung und Erlösung. Der erste Adam brachte uns den Tod, der zweite schenkt uns das Leben. Christus versichert uns: *Ich gebe ihnen ewiges Leben. Sie werden niemals zugrunde gehen und niemand wird sie meiner Hand entreißen* (Johannes 10,28).

Es flog jener Allhirte herab und suchte Adam,
das verirrte Schaf.
Er trug es auf den Schultern und stieg empor.
Er wurde zum Opfer für den Herrn der Herde.
Gepriesen sei sein Erbarmen!

Er sprengte Tau und belebenden Regen
auf jene Maria, die trockene Flur.
Er fiel wie ein Weizenkorn in die Scheol,
er stieg empor als Garbe und neues Brot.
Gepriesen sei sein Opfer!

Von der Höhe stieg zu uns
die göttliche Macht herab,
und aus dem Mutterschoß
erstrahlte uns die Hoffnung.
Aus dem Grab ging uns das Leben auf,
und zur Rechten nahm für uns der König Platz.
Gepriesen sei sein Ruhm.

Aus der Höhe floss er als Strom,
und aus Maria kam er als Wurzel.
Vom Kreuzesholz stieg er als Frucht herab,
und als Erstlingsgabe stieg er zum Himmel empor.
Gepriesen sei sein Wille!

Von der Höhe stieg er herab als Herr,
aus dem Mutterschoß kam er hervor als Knecht,
der Tod sank vor ihm auf die Knie in der Scheol
und in seiner Auferstehung betete ihn das Leben an.
Gepriesen sei sein Sieg!
(Ephräm der Syrer, gest. 373,
aus den Hymnen de Resurrectione)

Vor der grünen Mandorla erscheint Christus in rot
leuchtendem Gewand. Er bricht das Totenreich auf
und ergreift die in der Macht des Todes Gefangenen,
um sie ins Leben zu führen. Seine Füße haben festen
Halt und stemmen sich für den Aufstieg. Die Füße
Adams und Evas dagegen haben weder Standfestig-
keit noch einen Standort. Der Herr ist ihr Halt, er
wird sie im Hinaufziehen auf ihre eigenen Füße stellen. Ein Teil des Umhangs Christi flattert bereits im
Aufwind.

24

Zu Füßen des Herrn öffnet sich der Hades. Er hat die Tore zur Unterwelt für immer aus den Angeln gehoben. Neben den zerbrochenen Brettern unterhalb der Mandorla sieht man, wie Schlüssel und zerborstene Schlösser ins Leere fallen. Christus selbst ist der Schlüssel zu diesem Abgrund, ja, er ist der Schlüssel zu all unseren Abgründen, die sich auftun in unserer Seele. Wir versuchen vergeblich mit unseren selbstgefertigten Schlüsseln die Abgründe zu öffnen. Wir versuchen vergeblich dem Geheimnis des Todes auf die Spur zu kommen. Unsere Schlüssel fallen nutzlos und nichtig in den Abgrund, denn nur Jesus Christus allein hat die Schlüsselgewalt über den Tod und die Welt des Todes.

Als ich ihn sah, fiel ich wie tot vor seinen Füßen nieder. Er aber legte seine rechte Hand auf mich und sagte: Fürchte dich nicht! Ich bin der Erste und der Letzte und der Lebendige. Ich war tot, doch nun lebe ich in alle Ewigkeit, und ich habe die Schlüssel zum Tod und zur Unterwelt (Offenbarung 1,17–18).

Auferstehungsleben strömt auf die Ergriffenen über. Auch uns möchte der Herr aus der Tiefe ziehen, auch uns hat er aus dem Reich des Todes zum Leben gerufen. Sich von Christus ergreifen lassen, heißt glauben. Wenn wir uns jedoch seiner entgegenkommenden, liebenden Hand entziehen, bleibt alle Anstrengung zu glauben unwirklich. Nur durch Hingabe an ihn, der der Schlüssel zum wahren und ewigen Leben ist, geschieht die wunderbare Verwandlung vom Tod zum Leben, indem er selbst uns mitnimmt in dieses unbegreifliche göttliche Tun. Durch ihn und mit ihm und in ihm erfüllt sich die Hoffnung, dass alle Schuld und alles Leid verwandelt werden in Heil und Segen für jeden Einzelnen von uns.

> *Herr, Jesus Christus,*
> *du hast uns durch deinen Tod*
> *und deine Auferstehung die Tür zum Leben aufgetan,*
> *die niemand mehr schließen kann.*
>
> *Komm, Herr Jesus, ergreife unsere Hände*
> *und befreie uns aus der Finsternis*
> *und dem Schatten des Todes.*
>
> *Ich lege ihm den Schlüssel*
> *des Hauses David auf die Schulter.*
> *Wenn er öffnet, kann niemand schließen;*
> *wenn er schließt, kann niemand öffnen.*
>
> *Ich habe dich geschaffen und dazu bestimmt,*
> *den Gefangenen zu sagen: Kommt heraus!,*
> *und denen, die in der Finsternis sind:*
> *Kommt ans Licht!* (vgl. Jesaja 22,22, 49,8–9).

Im Apostolischen Glaubensbekenntnis beten wir: *Ich glaube an Jesus Christus, hinabgestiegen in das Reich des Todes, am dritten Tage auferstanden von den Toten.* Geht es hier nicht um die Hoffnung, dass alle Bereiche des Lebens Wandlung und Erlösung finden? In der frühen Kirche vertrat Origenes (um 185 bis 254) die Lehre, dass am Ende durch das Erlösungswerk Jesu Christi auch die Hölle aufhören wird. Ist dies nicht eine faszinierende und hoffnungsstarke Botschaft, dass einmal alles

aufhört, was das Leben zur Hölle machen kann, und alle Geschöpfe Gottes Nähe und Gottes Liebe erfahren?

Freut euch! Freut euch, ihr heiligen Apostel!
Denn es erglänzt das Licht der Auferstehung.
Freue dich! Freue dich, heilige Jungfrau!
Denn es ist erstanden dein Sohn,
der König des Himmels und der Erde.
Heute mögen sich freuen das gläubige Volk,
das neue Israel der Christen,
denen Christus seine Braut (die Kirche) gab;
man soll Hymnen singen in ihr
in der Weise der Engel.
Die Himmlischen singen heute Hymnen;
denn du bist der Herr,
der König des Himmels und der Erde.
Deswegen rühmen wir ihn,
rufen laut und sprechen:
Sei gepriesen, Herr Jesus,
denn du bist erstanden und hast uns errettet.
(Ostergesang in den Pascha-Büchern,
nach M. Cramer)

II.
Begegnung
mit Henri Nouwen

Die Reise nach Israel

Nach dem plötzlichen Unfalltod meines Vaters musste ich mein Studium abbrechen, um die elterliche Firma weiterzuführen. Vater hätte es gern gesehen, wenn er mich schon zu seinen Lebzeiten in seine Arbeit hätte einweisen können. Er war ein starker Mann, und ich befürchtete in jungen Jahren, mich in seiner Gegenwart nicht genügend selbst entfalten zu können. Wahrscheinlich habe ich ihm damit sehr wehgetan. Er hat es niemals mir gegenüber gezeigt, doch belastet hat es mich schon, ihn so enttäuschen zu müssen. Ich habe mich oft gefragt, wie weit ich gegen das vierte Gebot verstoße – damals war die Notwendigkeit zur Selbstverwirklichung noch relativ unbekannt, und auch die Wege dazu waren in der Psychologie noch zu wenig erforscht. Nach Vaters Tod jedoch war all das sekundär, und es hieß für mich jetzt nur, so gut wie möglich seine Nachfolge anzutreten.

Nach zwölf Jahren hatte ich endlich die Möglichkeit, aus der Textilfirma auszusteigen, um meinen langjährigen Wunsch, Priester zu werden, zu verwirklichen. Nach einigen Semestern in Münster wechselte ich an die Philosophisch-Theologische Hochschule in Brixen/Südtirol. Meine Freude war unendlich groß, als uns Studenten ein Semester neutestamentliche Exegese in Israel durch unseren Professor Wilhelm Egger, dem späteren Bischof von Bozen-Brixen, in Aussicht gestellt wurde. Im Frühjahr 1979 starteten wir von Rom aus.

Infolge der Studien – meist an historischen Plätzen – blieb wenig Zeit für Persönliches. Auf dem Rückweg in unser Quartier entdeckte ich eines Tages in Jerusalem einen Laden, der Ikonen ausgestellt hatte. Schon im Vorübergehen war ich fasziniert von dem, was ich gesehen hatte, und beschloss, in freien Stunden wieder hierherzukommen.

So lernte ich einige Tage später den Ikonengaleristen Michael Benham kennen. Ich brachte viel Zeit mit, da wir diesen Nachmittag für uns selbst zur Verfügung hatten. Es war ein sehr schlichter und unscheinbarer Laden, doch was er beinhaltete, ließ mein Herz höherschlagen: Ikonen über Ikonen, echte Ikonen älteren und jüngeren Datums. Meine Seele jubelte beim Schauen. Obwohl ich nicht vorhatte, mir eine Ikone zu kaufen, entwickelte sich langsam der Gedanke, es doch zu tun und einen Teil meines Reisegeldes hierfür zu verwenden. Unter diesem neuen Aspekt betrachtete ich jetzt die Ikonen noch intensiver und länger. Diejenigen mit den vielen Heiligen-Darstellungen – Heilige, von denen ich noch nie etwas gehört hatte – schieden aus, ebenso szenische Darstellungen aus dem Alten und dem Neuen Testament, die viele Personen auf der Tafel zeigten, aber kaum ausdrucksstarke Gesichter. Somit konzentrierte ich mich auf Ikonen der Gottesmutter und Christi als Pantokrator (Allherschender). Letztere stellen Christus dar, die Rechte lehrend oder segnend erhoben, während die Linke ein aufgeschlagenes Buch hält. Darstellungen Christi als Kosmokrator, der

Herr, der über den Himmeln thront, beeindruckten mich in besonderer Weise.

Viele Fragen hatte ich an Mr. Benham – er sprach gut Englisch –, die er mir alle beantworten konnte, und ich staunte über seine Kenntnisse und dass es so viel zur Vielfalt der Ikonen zu sagen gibt. Er erklärte mir auch beim Pantokrator den Unterschied zwischen einer rein herrscherlichen Bildaussage und Aussagen, die dem Betrachter Heil versprechen und vermitteln. Und dann erfuhr ich von ihm, woher die Ikonen kamen, das heißt, wo sich das Original befindet, von dem sie abgeschrieben wurden.

Als andere Kunden den Laden betraten und ich wieder für mich war, hatte ich das starke Bedürfnis, vor einigen Ikonen zu beten. Dies wurde zu einer durchaus neuen und dichten Erfahrung für mich. Ein Bild der Gottesmutter im roten Gewand sprach mich besonders und immer wieder an. Ihr Blick berührte und verfolgte mich, und ich konnte mir nicht erklären, warum. Als ich wieder mit Mr. Benham allein war, zeigte ich auf diese Ikone und sagte, dass sie einen Kontakt zu mir hergestellt habe, was von mir nicht beabsichtigt war. »Genauso muss es sein, wenn es eventuell ›Ihre Ikone‹ werden soll«, sagte er ganz gelassen zu mir – und ich hatte den Eindruck, dies sagte er ohne jegliche Verkaufsabsicht.

Von nun an gehörte diese Gottesmutter-Ikone mir, innerlich. Ich kam nicht mehr von ihr los. Wir sprachen dann über Möglichkeiten, sie unauffällig durch den Zoll zu bekommen, und über die Bezahlung. So schwer es mir fiel: Ich wusste, dass man in südlichen Ländern handeln muss, und tat es. Das Angebot eines Schecks fand keine große Resonanz, doch als ich anbot, am nächsten Tag Bargeld mitzubringen, reduzierte Mr. Benham noch einmal den Preis. Als ich ihn und die Ikonen verließ, schien es mir für Momente endlos, einen ganzen Tag und eine Nacht warten zu müssen, ehe ich die »meine« abholen konnte.

Von unserer Studiengruppe hatte ich zu niemandem davon gesprochen, ich wollte dieses Geheimnis und die heimliche Freude für mich bewahren.

Die Ikone
»Gottesmutter mit drei Händen«

Da Michael Benham seine Ikonengalerie erst gegen Mittag öffnete, hatte ich genügend Zeit, in der Mittagspause – da wir früh morgens mit den Studien begannen und es zudem sehr heiß war, fiel sie sehr lang aus – mir das nötige Geld von der Bank zu holen und mich auf den Weg zu machen. Und dann passierte es: Vor Aufregung und Vorfreude verlor ich die Orientierung und wusste nicht mehr, in welche Richtung ich gehen musste. Alles um mich herum erschien mir auf einmal so fremd, hektisch und laut. An wen sollte ich mich wenden? Nach vergeblichem Fragen – es waren alles Touristen, die mir begegneten – sprach ich einen Polizisten an, der inmitten einer großen Straßenkreuzung den Verkehr regelte. Zu meiner Beruhigung hatte ich inzwischen auch die Visitenkarte der Ikonengalerie gefunden, sodass mir der Polizist problemlos durch Gestik den Weg dorthin beschreiben konnte.

Mr. Benham sagte mir, dass er nicht im Geringsten daran gezweifelt hätte, dass ich wiederkommen würde. Er hatte für mich die Ikone besonders exponiert aufgestellt und sie entsprechend beleuchtet, sodass sie für mich eine noch größere Ausstrahlungskraft und gleichzeitig eine noch größere Anziehung besaß. Die Begrüßung kam mir vor wie ein kleines Fest und ich hätte am liebsten in diesem Augenblick vor der Muttergottes schweigend gebetet. Doch Mr. Benham unterbrach die kurze Stille und sagte: »Fällt Ihnen denn eigentlich auf dieser Ikone nichts Besonderes auf?« Wie ich es vom Vortag gewohnt war, schaute ich mir nochmals alle Details an und antwortete: »Nein.«

»Es ist eine ganz selten vorkommende Ikone, die Sie ausgesucht haben, und ich habe in den letzten Jahren nur zwei davon erwerben können.« Die Situation wurde recht spannend, und ich hatte den Eindruck, dass er mich auf die Probe stellen wollte. Doch noch immer entdeckte ich keine Besonderheit auf dem Bild. »Nun ja, dann will ich es Ihnen sagen: Die Gottesmutter besitzt drei Hände!«

Jetzt, da ich darauf aufmerksam gemacht wurde, sah ich es auch und war beschämt, dass ich diese Eigenart nicht vorher selbst entdeckt hatte. Auf einmal wurde mir die Ikone noch lieber und ich fragte spontan: »Warum hat sie drei Hände?« – »Das kann ich Ihnen leider nicht genau sagen. Ich weiß aber, dass die ursprüngliche Ikone syrisch ist und von Johannes von Damaskus stammt. Diese hier zeigt griechischen Einfluss und wurde im 18. oder 19. Jahrhundert gemalt. Ich sagte Ihnen schon, dass dieser Ikonentyp relativ selten ist und ich in letzter Zeit noch eine zweite Ikone diesen Typs in meiner Ausstellung hatte. Diese ›Gottesmutter mit drei Händen‹ hat Henri Nouwen erworben, der sie mit nach Amerika nahm. Er war – ähnlich wie Sie – von dieser Ikone ganz fasziniert und sagte, dass sie ihn innerlich sehr berühre.«

Was waren das für sonderbare und schöne Zusammenhänge, die diese Ikone mit sich brachte. Während

Mr. Benham sie behutsam einpackte, fragte er mich, ob ich Henri Nouwen kennen würde – er sei des Öfteren zu ihm gekommen und sie hätten sich lange und intensiv unterhalten. Ich sagte, dass ich ihn von seinem Tagebuch, das er im Trappistenkloster geschrieben hat, kenne und dass dieses Buch und seine Person mich sehr beeindruckt hätten. Gleichzeitig wunderte ich mich darüber, wie einfach und schnell die »Gottesmutter mit drei Händen« eine Verbindung zwischen Henri Nouwen und mir hergestellt hatte! Ich fand dies einmalig und zudem war die Verbindung noch völlig unausgesprochen.

Die Zeit war vorgerückt, und nachdem ich das notwendige Entgegenkommen auf den Tisch gelegt hatte, verabschiedete ich mich von Mr. Benham mit einem kräftigen Händedruck und verließ freudig und dankbar, aber auch ein wenig stolz, die Ikonengalerie. Den Weg zurück zu unserem Jerusalemer Quartier fand ich diesmal mühelos und wie von selbst.

Die Einzelheiten des Ikonenkaufs und das Gespräch mit Michael Benham kann ich so detailliert und wortgetreu wiedergeben, da ich während unseres Studienaufenthaltes in Israel Tagebuch führte.

Von der Hochschule in Brixen aus schrieb ich später Henri Nouwen einen Brief und erzählte ihm von meiner Ikone der »Gottesmutter mit drei Händen« und von meiner »Begegnung mit ihm«. Gleichzeitig fragte ich ihn, ob er mir etwas über die Entstehungsgeschichte unserer beiden artverwandten Ikonen sagen könne.

DER ERSTE BRIEF

Es ist sehr interessant für mich, ja, spannend, was Sie mir geschrieben haben. Vor allem freut es mich, dass Sie Michael Benham begegnet sind. Es bewegt mich innerlich sehr, dass wir beide miteinander in Kontakt gekommen sind, weil jeder von uns in der Ikonengalerie von Michael Benham in Jerusalem eine antike Ikone der »Gottesmutter mit drei Händen« erworben hat. Damit Sie meine Ikone kennenlernen, würde ich Ihnen gern beim nächsten Mal einige Abbildungen mitschicken.

Darüber hinaus möchte ich Ihnen erfreulicherweise sagen, dass meine Nachforschungen über die Ikone der »Gottesmutter mit drei Händen« erfolgreich waren. Ich kann mir vorstellen, dass diese Ergebnisse Ihnen bei der Suche nach dem tieferen Sinn dieser wohl recht ungewöhnlichen Ikone hilfreich und von Nutzen sein können. In meinem nächsten Brief werde ich Ihnen von ganz erstaunlichen Zusammenhängen berichten, und selbstverständlich auch immer dann, wenn ich etwas Neues erfahre.

Dann möchte ich Ihnen noch zwei meiner Bücher senden »Reaching Out« (Der dreifache Weg) und »Clowning in Rome« (Gottes Clown sein).

Meine Arbeit an der »Yale Divinity School« für das kommende Schuljahr ist nahezu abgeschlossen und sofort danach werde ich mich in die Stille zurückziehen.

Ich hoffe, dass wir in guter Verbindung bleiben. Seien Sie versichert, dass meine Gebete Sie begleiten. Ich hoffe, dass wir uns eines Tages auch persönlich begegnen.

Brief von Henri Nouwen,
The Divinity School, Yale University, New Haven,
Connecticut, 19. Mai 1980

Der zweite Brief

Der zweite Brief von Henri Nouwen ließ nicht lange auf sich warten. Als Herr Ambros, der sich damals noch »Portier des Priesterseminars« nannte, mich eines Morgens, als ich an seiner Loge vorbeiging, zu sich rief, steckte er mir – bevor er allgemein die Post verteilt hatte – einen Brief aus den Vereinigten Staaten mit auffallend schönen Briefmarken zu. Ich wusste sofort, wer ihn geschrieben hatte, doch öffnete ich ihn vorerst nicht. Erst wollte ich das Seminar besuchen, denn beim Öffnen und Lesen des Briefes sollte doch meine Ikone der Gottesmutter anwesend sein.

Wie versprochen, lege ich diesem Brief einige Bilder bei von der Ikone der wundertätigen »Gottesmutter mit drei Händen«. Ich habe diese wunderbare Ikone im August 1978 von Michael Benham aus der Ikonengalerie in Jerusalem erworben, aus der auch Ihre Ikone stammt.

Meine Ikone hat jetzt einen zentralen Platz im Kapitelsaal des Trappistenklosters Genesee im Staat New York gefunden.

Brief von Henri Nouwen,
The Divinity School, Yale University, New Haven,
Connecticut, 7. Juni 1980

Gottesmutter mit drei Händen
Griechenland, 19. Jahrhundert
Heute in der Trappistenabtei Genesee

Die drei Hände der Gottesmutter unterstreichen ihren Ruf,
der an alle geht, Jesus Christus nicht nur in den Blick,
sondern auch in unser Herz aufzunehmen.
Denn er, ihr göttlicher Sohn,
möchte uns zum Haus Gottes geleiten,
das reine Liebe ist und in dem wir beheimatet sind.

Henri Nouwen

Nachdem ich mir lange die Bilder der Ikone von Henri Nouwen angeschaut hatte, verglich ich sie mit der meinen und stellte viele Ähnlichkeiten fest. Doch noch immer wusste ich nicht um die Bedeutung der dritten Hand der Gottesmutter. In der Literatur, die mir im Priesterseminar in Brixen zur Verfügung stand, fand ich keinen einzigen Hinweis auf eine Ikone, auf der Maria mit drei Händen dargestellt wird. Ich wartete also gespannt auf den nächsten Brief von Henri Nouwen, denn er hatte ja angekündigt, mich an seinen erfolgreichen Nachforschungen teilhaben zu lassen.

Das größte Foto, im Format einer Postkarte, das er mir geschickt hatte, stellte ich neben meine Ikone. Dann las ich noch einmal seinen Brief, und erst jetzt beim zweiten Lesen, realisierte ich, dass er sich von seiner Ikone getrennt und sie dem Trappistenkloster Genesee geschenkt hatte.

War das nicht das Kloster, in dem Nouwen sieben Monate verbracht und sein großartiges geistliches »Genesee Tagebuch« geschrieben hatte, das unter dem Titel »Ich hörte auf die Stille« zu meinen Lieblingsbüchern der letzten Zeit gehörte? Ich hatte es bei meiner Übersiedlung von Westfalen mit nach Italien genommen, um in stillen Zeiten immer einmal wieder darin zu lesen und damit zu beten. Durch die Briefe und besonders durch die Ikonen bekam dieses Buch auf einmal eine noch aktuellere Bedeutung für mich.

Ich freute mich darauf, in der nächsten freien Zeit darin zu lesen, um Näheres von diesem Trappistenkloster zu erfahren, in dessen Kapitelsaal jetzt die Ikone der »Gottesmutter mit drei Händen« verehrt wird.

Die Abtei Genesee wurde im Jahr 1951 von Mönchen gegründet, die aus der Abtei Gethsemani in Kentucky kamen. Im Tal von Geneseo – benannt nach einem alten indianischen Namen – im Norden des Staates New York errichteten sie in einem einfachen Bungalow-Stil ihr neues Trappistenkloster. Von Juni 1974 bis zum Dezember lebte Henri Nouwen als »Mönch auf Zeit« zusammen mit den ungefähr dreißig Mönchen dieses Klosters. In diesem Jahr wurde die Kirche errichtet, an deren Bau alle Mönche und Gäste des Klosters beteiligt waren. Unter seiner Eintragung von Montag, 22. Juli, lese ich:

»Heute habe ich bei meinem Treffen mit John Eudes über meine Beziehung zu Maria, der Mutter Gottes, gesprochen. In meiner Kindheit spielte sie eine sehr wichtige Rolle in meiner religiösen Entwicklung. Die Andachten im Mai und Oktober, die in unserer Familie gepflegt wurden, sind ein fester Bestandteil meiner Kindheitserinnerungen. Wir bauten kleine Altäre, sangen Lieder, beteten Rosenkränze und schienen Freude daran zu haben. Aber nach meinen Seminarjahren entwickelte sich in den Kreisen, in denen ich lebte, eine gewisse Abneigung gegen diese Frömmigkeitsformen, und Maria, die Mutter Jesu, wurde in meinem religiösen Leben immer unbedeutender.

Aber diese Woche ist sie ›zurückgekommen‹. Nicht durch irgendeinen bewussten Versuch, meine Marienverehrung wieder aufleben zu lassen, oder durch ein

Buch oder irgendeinen Rat, sondern ohne jede Einmischung von außen habe ich sie mitten im Herzen meiner Suche nach einem stärker kontemplativen Leben gefunden. Wenn etwas dazu beigetragen hat, dann war es die Ikone ›Unsere Liebe Frau von Vladimir‹ in der Abteikapelle. Ich konnte meine Augen nicht mehr von diesem anmutigen Gemälde abwenden …

Mit einem irgendwie traurigen, melancholischen Blick sieht Maria den Betrachter an und weist mit ihrer rechten Hand auf das Kind, das sie auf ihrem linken Arm trägt. Das Kind umarmt sie mit einer sehr zärtlichen Geste. Die Innigkeit der Umarmung des Kindes kommt durch die kleine Hand zum Ausdruck, die unter dem Schleier auf Mariens Haupt hervorschaut und liebevoll ihre linke Wanke berührt. Das Kind sieht aus wie ein kleiner Erwachsener in einem Mönchshabit.

Ich verweile im Augenblick dieser intimen Szene, und Friede strömt in meine Seele. Maria spricht zu mir von Jesus. Sie lenkt mich zu ihm, aber ohne besorgte Warnungen, ohne energische Anrufe, ohne fordernden strengen Blick. Es ist, als wollte sie sagen: ›Sieh, er, der dein Herr und dein Heil ist, ist um deinetwillen klein und verwundbar geworden. Warum kommst du nicht näher und hörst zu, was er dir sagen will?‹ Zugleich scheint es, als wolle sie mich einladen, an der Intimität zwischen ihr und dem Kind teilzuhaben …

Maria hilft mir, wieder mit der empfänglichen, kontemplativen Seite meines Wesens in Berührung zu kommen und zu meiner einseitig aggressiven, feindseligen, machtlüsternen, konkurrenzneidischen Haltung ein Gegengewicht zu finden …

Ich hoffe und bete, dass ich durch die wiedererwachte Verehrung Mariens, der Gottesmutter, meiner anderen Seite zum Wachstum und zur Reife verhelfen kann, damit meine Ichbezogenheit, mein Argwohn und mein Zorn abnehmen und ich fähiger werde, Gottes Gaben zu empfangen, fähiger, ein Kontemplativer zu werden, fähiger, Gottes Herrlichkeit in mir wohnen zu lassen, so wie sie zutiefst in Maria gewohnt hat« (Henri J. M. Nouwen, Ich hörte auf die Stille, 74–76).

Ich schaue auf das Bild der Ikone der »Gottesmutter mit drei Händen« von Henri Nouwen, das sich an meine Ikone anlehnt. 1974 hat er mit den eben zitierten Worten in der Abteikapelle von Genesee vor der Ikone der Gottesmutter von Vladimir gebetet, die auch bekannt ist unter dem Namen »Unsere liebe Frau der Zärtlichkeit«, und diese tief greifende Erfahrung gemacht. Wie hat doch die »Gottesmutter mit drei Händen« eine ganz andere Ausstrahlung und Aussage! Sie ist weitaus zurückhaltender und will entdeckt werden. Vier Jahre später, 1978, schenkte Henri Nouwen sie den Trappisten, die sie von da an in ihrem Kapitelsaal verehren.

Um ganz ehrlich zu sein: So tief gelang es mir nicht, in das Wesen der Ikone einzusteigen, ja, ich vermochte es kaum, vor ihr zu beten. Ich war einfach zu sehr damit beschäftigt, endlich dem Geheimnis der drei Hände auf die Spur zu kommen.

Der dritte Brief

*I*m Mai 1979 erreichte mich ein wichtiger Brief, der das Geheimnis um die »Gottesmutter mit drei Händen« aufdeckt. Ich war in dem Jahr noch einmal für eine längere Zeit, vom 18. Februar bis zum 15. August, in der Abtei Genesee bei den Trappisten und »unserer« Ikone. Von dort führte ich auch die Korrespondenz.

Pater Pennington hat ein gutes Auge für Ikonen. In einem Gespräch erinnerte er sich, dass die älteste oder Original-Ikone der »Gottesmutter mit drei Händen« sich im Athoskloster Chiliandar befindet. Ich schrieb dorthin und legte ein Bild unserer Ikone mit in den Brief. Nach erstaunlich kurzer Zeit bekam ich schon eine Antwort – allerdings in einer Sprache, deren Buchstaben ich nicht einmal entziffern konnte. Da ich inzwischen einiges über die Athosklöster gelesen hatte, wusste ich, dass Chiliandar ein serbisches Kloster ist. Und so stellte es sich auch heraus: Der Brief war in serbischer Sprache geschrieben. Ich fand in Rochester eine Möglichkeit, ihn übersetzen zu lassen. Eine Kopie dieser Übersetzung möchte ich Ihnen heute senden.

Ich würde mich freuen, bald von Ihnen wieder zu hören.

Brief von Henri Nouwen,
Our Lady of the Genesee Abbey, Piffard,
New York, 15. Juni 1980

Verehrter Freund,
ich erhielt Ihren Brief mit dem Bild der Ikone der allheiligen Gottesmutter. Ich kann Ihnen Folgendes über diese Ikone berichten.

Wie Sie bereits vermutet haben, stammt sie aus Griechenland und wurde im 19. Jahrhundert gemalt. Es ist eine Abschrift (gewiss keine ganz genaue) der dreihändigen Madonna, die sich als Original in unserem Kloster Chiliandar auf dem Heiligen Berg Athos befindet. Nach der traditionellen Überlieferung hat das Original der heilige Johannes von Damaskus im 8. Jahrhundert gemalt. Es war seine ganz persönliche Ikone, vor der er gebetet hat. Es ist bekannt, dass Johannes von Damaskus in der Zeit des Bilderstreits lebte. Da er ein furchtloser Verteidiger der Ikonen-Verehrung war, sowohl durch seine Worte als auch durch seine Schriften, nahm dies der bilderfeindliche byzantinische Kaiser zum Anlass, Johannes beim Kalifen von Damaskus zu verleumden. Daraufhin befahl der Kalif, Johannes von Damaskus die rechte Hand abzuschlagen, sodass dieser keine weiteren Schriften zur Verteidigung der Ikonen mehr verfassen konnte.

Nachdem seine Hand abgeschlagen war, ergriff Johannes sie mit der Linken und trat vor die Ikone der allheiligen Gottesmutter. Dann presste er die Hand fest auf seine rechte Armwunde und betete unter Tränen um Heilung.

Johannes von Damaskus fiel anschließend in einen Traum, und als er erwachte, stellte er tatsächlich fest, dass seine Hand wieder angewachsen und geheilt war. Als Zeichen großer Dankbarkeit gegenüber der allerheiligsten Gottesmutter formte er daraufhin eine Hand aus Silber und befestigte sie an seiner Ikone. Seit dieser Zeit wird die Ikone die »Ikone mit drei Händen« genannt.

Als der heilige Johannes von Damaskus Mönch im St. Sabbaskloster in der Nähe von Jerusalem geworden war, nahm er die Ikone mit. Dort blieb sie noch lange nach seinem Tod.

St. Sava von Serbien, der im 13. Jahrhundert das Kloster Chiliandar gründete, erhielt diese Ikone als Geschenk und nahm sie mit nach Serbien. Nach vielen Unruhen während der osmanischen Zeit gelangte die Ikone dann auf wundersame Weise – sie wurde von einem Esel getragen – ins Kloster Chiliandar. Hier befindet sich die Ikone noch heute. Sie wird verehrt als »Äbtissin« (Igoumaneja) des Klosters. So weit also das Geschichtliche.

Bitte entschuldigen Sie vielmals, dass ich in Serbisch schreibe. Meine Englischkenntnisse sind verhältnismäßig bescheiden, sodass ich nicht fähig bin, Ihnen in Englisch die Geschichte der Ikone und die Ereignisse um dieses Bild zu beschreiben, wonach Sie mich ja gefragt haben.

Ich grüße Sie herzlich und wünsche Ihnen das Allerbeste vom auferstandenen Christus.

CHRISTUS IST AUFERSTANDEN
Mit besonderer Hochachtung
Pater Chrysostomus

Brief an Henri Nouwen von Pater Chrysostomus,
Mönch von Chiliandar, 14. Mai 1979

Johannes von Damaskus

Die Legende, von der Pater Chrysostomus aus dem serbischen Athoskloster Chiliandar spricht, erklärt, warum die Ikone der Gottesmutter nach dem Wunder, das Johannes von Damaskus mit seiner rechten Hand erlebte, von dieser Zeit an mit drei Händen gemalt wurde. Meine Ikone, die als einziges Bild in meinem Zimmer des Priesterseminars hing, steht also in der Tradition, die mit Johannes von Damaskus beginnt. In der wunderschönen alten Bibliothek der Philosophisch-Theologischen Hochschule in Brixen fand ich neben den Werken des Johannes von Damaskus in griechischer Sprache auch einige Angaben über sein Leben, die mich jetzt in besonderer Weise interessierten.

Leider sind nur wenige Einzelheiten aus seinem Leben bekannt. Johannes wurde um 650 in einer syrisch-stämmigen Damaszener Familie geboren. Sein Vater war Finanzminister unter dem Kalifen von Damaskus. Während dieser Zeit erhielt sein Sohn eine Ausbildung als Schriftsteller und Dichter. Später trat er dann wie sein Vater in den Dienst des Kalifen von Damaskus. Der byzantinische Kaiser Leo III. der Syrer (695–741) schützte Europa zwar gegen das Vordringen des Islams, doch entfachte er als Urheber den Bilderstreit und verfolgte gnadenlos alle Bilderverehrer. Johannes, der sehr unzufrieden mit der kaiserlichen Politik war, kritisierte durch Predigten und Schriften, die er verfasste, die ikonoklastische (ikonenfeindliche) Vorgehensweise des Kaisers. Als dieser die Zerstörung aller Ikonen befahl, widersetzte sich vehement der Damaszener. Der Kaiser war darüber so erbost, dass er einen an ihn gerichteten Brief mit dem Rat, den Kalifen von Damaskus abzusetzen, Johannes unterschob. Der Kaiser ließ diesen Brief in der Handschrift des Johannes abschreiben, fälschte die Unterschrift und ließ ihn dem Kalifen von Damaskus überbringen.

Der Kalif, der die Handschrift für echt hielt, ließ Johannes zur Strafe die rechte Hand abschlagen. »Auf diese Weise«, so wird wörtlich überliefert, »wurde die Hand, die zuvor im Kampf gegen die Feinde des Herrn mit Tinte befleckt war, rot gefärbt durch ihr eigenes Blut.«

Die abgeschlagene Hand wurde zur Abschreckung für andere Ikonenverehrer an einem öffentlichen Platz aufgehängt. Johannes litt so unsagbare Schmerzen, dass er weder ein noch aus wusste. Schließlich bat er den Kalifen, er möge ihm seine Hand zurückgeben lassen. Der Kalif ließ sich erweichen. In seiner Not trat Johannes mit der abgeschlagenen Hand vor die versteckt gehaltene wundertätige Ikone der Gottesmutter und flehte sie an, ihm Heilung zu schenken, damit er die Verteidigung der Ikonen wieder aufnehmen könne. Die Ikone begann zu leuchten und die Gottesmutter versprach, ihn zu heilen. Gleichzeitig gab sie Johannes den Auftrag, die geheilte Hand »als das Rohr eines rasch schreibenden Schreibers zu benützen, um Hymnen an Christus und die Gottesmutter zu verfassen«.

Während Johannes schlief, soll eine Hand aus der Ikone hervorgekommen sein, die die verblutete Hand des Johannes wieder mit dem Stumpf zusammenfügte. Die Hand wuchs an und die Wunde verheilte, doch blieb eine rote Linie um das Handgelenk sichtbar als Zeichen für das, was sich ereignet hatte. Als der Kalif von diesem Wunder erfuhr, hegte er zunächst den Verdacht, dass man nicht Johannes, sondern jemand anderem die Hand abgeschlagen habe. Als er sich jedoch persönlich überzeugte und das rote Band an der Schnittstelle am rechten Handgelenk sah, glaubte er an das Wunder und bat Johannes um Verzeihung.

Aus Dankbarkeit ließ Johannes von Damaskus eine silberne Hand fertigen und befestigte sie an der Ikone. Daher erhielt sie ihren Namen »Ikone der Gottesmutter mit drei Händen«, auf Griechisch: »Tricherusa«. Diese Legende ist in die Ikonografie eingedrungen.

Typisch für diese Ikone ist, dass das Gewand der Gottesmutter mit großen Blattmotiven verziert ist; das Haar unter ihrem Schleier hat eine tiefschwarze Farbe, sie trägt das Kind, das eine majestätische Haltung einnimmt, auf ihrem rechten Arm, und der Heiligenschein der Gottesmutter ragt weit über den Bildrand hinaus.

Als sich später in Damaskus mehr und mehr ein antichristlicher Kurs durchsetzte, verließ Johannes den Hof des Kalifen, um Mönch zu werden. Mit seinem Adoptivbruder Kosmas zog er sich in das Kloster des heiligen Sabbas zurück, das in der Wüste nahe bei Jerusalem lag. Johannes nahm die Ikone mit, und fast vierhundert Jahre blieb sie dort.

Das Sabbaskloster ist eines der ältesten Klöster Palästinas. Es entstand um 483 um die von dem Mönchsvater Sabbas (439–532) bewohnte Höhle an der westlichen Felswand des Kidrontales.

In Jerusalem ergänzte Johannes von Damaskus seine theologische Ausbildung und wurde vom Patriarchen Johannes V. (706–735) zum Priester geweiht. Besonders im Bilderstreit holte der Patriarch sich oftmals Rat und Hilfe bei Johannes. Bis ins hohe Alter von ungefähr 104 Jahren arbeitete er in strenger Disziplin an seinen Werken. Vor 754 starb Johannes von Damaskus und wurde im Sabbaskloster beigesetzt. In der östlichen Tradition wurde er schon immer als Kirchenvater angesehen. Die römische Kirche dagegen erklärte Johannes von Damaskus erst im Jahr 1890 zum Kirchenvater.

Die drei berühmten Reden »Gegen die Verleumder der heiligen Ikonen« machten Johannes von Damaskus zum klassischen Theologen der Bilderverehrung. Die erste Verteidigung der Bilderverehrung schrieb er im Jahr 726, nachdem Kaiser Leo III. das Edikt gegen die Bilderverehrung erlassen hatte. Die Wahrheit über die Verehrung der Ikonen stand ihm höher als die Hoheit des Kaisers. Der Anlass seiner zweiten Rede, die Johannes von Damaskus im Jahr 730 schrieb und hielt, war die Forderung des Kaisers, alle Ikonen zu zerstören. Er spricht dem Kaiser das Recht ab, sich in kirchliche Angelegenheiten einzumischen, und verlangt die Freiheit der Kirche von der Staatsgewalt. Die darauf folgende dritte Bilderrede ist eine systematisch-theologische Abhandlung über die Ikonen. Johannes unterscheidet scharf und genau zwischen der nur Gott gebührenden Anbetung und der den Geschöpfen zukommenden Verehrung. Ist die auf einer Ikone abgebildete Person voll der Gnade, dann hat auch der Betrachter und der vor dieser Ikone Betende Anteil an dieser Gnade.

In der Gottesgebärerin ruhte Gott, der allein Heilige. Maria ist Gott ähnlich geworden, daher ist sie am verehrungswürdigsten. Ihr Bild ist das heiligste unter den Heiligen-Ikonen. Die Verehrung der Gottesmutter bezieht sich auf Christus, der durch sie Mensch geworden ist. Die Ehre, die wir ihr erweisen, geht somit auf Gott selbst zurück.

Weil Gott unsichtbar ist, mach dir kein Bild von ihm. Aber da du sehen kannst, dass der Körperlose einen menschlichen Leib angenommen hat, mache ein Bild der menschlichen Gestalt. Wenn der unsichtbare im Fleisch sichtbar wird, male das Abbild des Unsichtbaren.
(Johannes von Damaskus)

Der Weg der »Tricherusa« zum Athoskloster Chiliandar

Bis ins 12. Jahrhundert blieb die Ikone im St. Sabbaskloster bei Jerusalem, wohin sie Johannes von Damaskus mitgebracht hatte. Hier erwarb sie der heilige Sawa, Erzbischof von Serbien (1219–1234) und jüngster Sohn des serbischen Großfürsten Stephan Nemanja (1168–1196). Als der Großfürst 1196 zugunsten seines zweiten Sohnes abdankte, wurde er Mönch mit Namen Symeon und gründete zusammen mit seinem Sohn Rastko, der sich als Mönch Sawa nannte, um 1198 das Athoskloster Chiliandar. Durch den heiligen Sawa kam somit die Ikone der »Tricherusa« in das Kloster Chiliandar, das zum größten Zentrum der serbischen orthodoxen Frömmigkeit wurde. Die Verehrung der ältesten serbischen Heiligen, des heiligen Symeon und des heiligen Sawa, begann im 13. Jahrhundert in Chiliandar. Auf Ikonen sind sie immer gemeinsam abgebildet.

Eine andere geschichtliche Variante sagt, dass die Ikone des Johannes von Damaskus bis 1371 in Serbien blieb. In diesem Jahr eroberten die Türken in der Schlacht von Maritza das Land. Um die wunderwirkende Ikone der »Gottesmutter mit drei Händen« vor dem türkischen Einfall zu retten, lud man sie auf den Rücken eines Esels und ließ diesen frei laufen. Der Esel schlug sofort die südliche Richtung ein und begann zu traben. Einige Leute, die bei ihm waren, hatten Mühe, ihm zu folgen. Er rannte pausenlos weiter, bis er das Haupttor des Athosklosters Chiliandar erreicht hatte. Dann fiel der Esel um und starb. Ein wunderbarer Schein ging von der »Tricherusa« aus, der die Mönche des Klosters herbeilockte. Sie erkannten das Wunder und gaben dem Gnadenbild einen Ehrenplatz in der Ikonostase.

Eines Tages brach unter den Mönchen ein heftiger Streit aus um die Neuwahl des Abtes. Am nächsten Morgen bei der Matutin sahen die Mönche voll Erstaunen, dass die Ikone der »Gottesmutter mit drei Händen« nicht mehr an ihrem gewohnten Platz hing. Sie entdeckten sie auf dem Sitzplatz des Abtes. Sie trugen das Gnadenbild zurück an seinen Platz und am nächsten Morgen sahen sie es wieder auf dem Sitzplatz des Abtes. Dies wiederholte sich noch ein drittes Mal. Daraufhin kam ein Einsiedler zum Kloster Chiliandar. Er erzählte den Mönchen, dass er eine Vision gehabt habe, in der ihm die Gottesmutter erschienen sei. Um jeglichen Streit um die Neuwahl eines Abtes zu vermeiden – so sagte sie –, werde sie ab sofort den Rang des Abtes einnehmen und das Kloster leiten. Seit dieser Zeit wählt man im Serbenkloster Chiliandar keinen Abt mehr, da die »Tricherusa« die »Äbtissin« des Klosters ist. Tatsächlich steht auch heute noch das Gnadenbild auf dem Sitz des Abtes. Auch in der Trapeza, dem gemeinsamen Speisesaal der Mönche, nimmt die »Tricherusa« den Sitz des Abtes ein. Bei jeder Mahlzeit werden ihr die Speisen zuerst vorgesetzt. Die verheerenden Brände, die in den Jahren 1722, 1891 und am 4. März

2004 das Kloster heimsuchten, hat die Ikone der Gottesmutter unbeschadet überstanden. Die Mönche sagen, sie sei aus unverbrennbarem Holz. Jedes Jahr am 28. Juni versammelt sich die Mönchsgemeinschaft des Klosters Chiliandar, um das Fest der »Gottesmutter mit drei Händen« zu feiern.

Auch wegen vieler anderer Wunder fand die »Tricherusa« in manigfaltigen Abschriften im griechischen Raum, auf dem Balkan und in Russland eine große Verbreitung. Nikon, Patriarch von Moskau (1652–1666), ein hochbegabter Kirchenführer, erbat vom Kloster Chiliandar eine Replik der wundertätigen »Gottesmutter mit drei Händen«, die am 28. Juni 1663 nach Russland übersandt und im Auferstehungskloster Neu-Jerusalem bei Moskau aufgestellt wurde.

DER VIERTE BRIEF

*I*ch vergaß, Ihnen zu sagen, dass ich mir noch weitere Auskünfte über die Ikone der »Gottesmutter mit drei Händen« vom »Zentrum für Byzantinische Studien« in Washington erbat. Viel mehr als mir Pater Chrysostomus vom Athoskloster Chiliandar mitgeteilt hat, konnte ich auch hier nicht erfahren. Man verwies mich auf ein in Deutsch erschienenes »Handbuch der Ikonenkunst« von B. Rothemund (München 1966, 251–253), das Ihnen sicherlich zugänglich ist.

Des Weiteren schrieb mir Susan Boyd, die Kuratorin der Byzantinischen Sammlung: »Ihre Ikone scheint eine griechische, eventuell auch eine serbische zu sein. Soweit ich das vom Bild her beurteilen kann, handelt es sich um eine hervorragende Ikone von hoher Qualität. Ohne sie persönlich gesehen zu haben, kann ich nur eine Vermutung anstellen, was das Alter betrifft. Wegen des offensichtlich guten Zustandes und wegen des kunstvoll ausgearbeiteten Musters sowohl auf dem Umhang der Maria als auch auf dem des Kindes – die Muster zeigen eindeutig westlichen Einfluss –, würde ich sagen, dass die Ikone im späten 18. Jahrhundert, wenn nicht gar im 19. Jahrhundert gemalt wurde. Ich würde Ihnen empfehlen, die Ikone Margaret Frazer vom ›Metropolitan Museum of Art‹ in New York persönlich zu zeigen, damit sie Ihnen eine Expertise ausstellen kann.«

Ich habe diesen Aufwand nicht getroffen, denn mir reichen durchaus die Informationen, die ich bisher bekommen *habe, da es mir einzig und allein um die Ausstrahlung und die spirituelle Seite der Ikone geht. So habe ich während meines Aufenthaltes in der Abtei Genesee vor dem Bild der »Gottesmutter mit drei Händen« eine Betrachtung geschrieben, die ich Ihnen gern überreichen möchte.*

Brief von Henri Nouwen,
The Divinity School, Yale University, New Haven,
Connecticut, 21. Juni 1980

BETRACHTUNG DER IKONE
»GOTTESMUTTER MIT DREI HÄNDEN«
DURCH HENRI NOUWEN

Die Ikone der »Gottesmutter mit drei Händen« auf dem Hintergrund ihrer bewegenden Geschichte anzuschauen und sie meditativ zu betrachten, wurde zu einer tief greifenden Erfahrung für mich.

Es ist nicht einfach, diesen inneren Vorgang in Worte zu fassen. Mir kommt es vor, als ob ich auf die Fürsprache der Gottesmutter für Momente in das innere verborgene Leben Gottes hineingehoben würde.

Bei der Begegnung mit Menschen habe ich es mir angewöhnt, zuerst Blickkontakt mit ihnen aufzunehmen. Blicken auch sie mir in die Augen, weiß ich, dass ich angenommen bin. So habe ich auch die »Gottesmutter mit drei Händen« lange angeschaut, doch sie erwiderte meinen Blick nicht. Ich spürte jedoch, dass sie mein Schauen annahm, es jedoch sanft von sich auf ihren göttlichen Sohn lenkte. Diese ihre Geste erinnert mich an die Worte des Täufers: *Er muss wachsen, ich aber muss kleiner werden* (Johannes 3,30), und an ihre eigenen Worte, die sie bei der Verheißung der Geburt Jesu zum Engel spricht: *Ich bin die Magd des Herrn* (Lukas 1,38).

Beim näheren Betrachten der Ikone sah ich, dass Maria selbst auf ihren Sohn schaut. Es ist ein zurückhaltender, eher abwartender Blick, jedoch voller Innigkeit und voll des Glaubens. Wie die drei Hände Mariens, so erhalten auch ihre Augen wie ihre gesamte Haltung ihre vielsagende und tief greifende Bedeutung durch das Kind.

Beim Beten vor der Ikone und beim längeren Betrachten offenbart sich das Kind als Mittelpunkt des Bildes, auf das alles hingeordnet ist: der Blick und die Kopfhaltung seiner Mutter, die linke Hand, die von der dritten unterstützt wird, die großrankigen Ornamente auf ihrem Gewand und der Saum ihrer Kopfbedeckung, der in den Saum ihres roten Mantels übergeht. All das weist auf das göttliche Kind, in dessen Nymbus das Wort »Das Sein« geschrieben steht. Mit der Anordnung der Buchstaben ist das Kreuz Christi gekennzeichnet, das ihn am Ende seines irdischen Lebens erwarten wird. Und somit gibt auch das Kind allem auf dieser Ikone tieferen Sinn. Der Knabe Jesus, der mit reifem Gesichtsausdruck und üppigen Haaren, aufrecht sitzend auf dem rechten Arm der Gottesmutter dargestellt ist, erinnert eher an den Pantokrator (Herr der Heerscharen oder Alleinherrscher) als an ein Kind, das noch der liebenden Gegenwart und der Nähe seiner Mutter bedarf.

Das Kind eröffnet jetzt einen ganz neuen Zugang zur Ikone. Während seine Mutter ehrfurchtsvoll zurücktritt und alles an ihr und in ihr auf den Sohn Gottes verweist, offenbart er sich seiner Mutter und allen Menschen gegenüber als der Machtvollere und Wissendere. Seine rechte Hand hat er zum Segensgruß erhoben, um zu zeigen, dass er es mit allen Geschaffenen und mit allem Geschaffenen unendlich gut meint. In seiner linken Hand hält der Sohn ein kleines verschlossenes Buch, das geradlinig nach unten weist. Später wird er dieses Buch öffnen, daraus vorlesen und nach seinem Tod und seiner Auferstehung als Pantokrator das aufgeschlagene Buch der göttlichen Weisheit allen und der gesamten Schöpfung entgegenhalten.

Auffallend sind die elf Blumenkreise auf seinem Gewand, die jeweils wieder aus sieben Kreisen bestehen. Das Untergewand, das Jesus trägt, scheint dem der Mutter ähnlich zu sein, jedoch grenzen sich die Obergewänder von Mutter und Sohn stark voneinander ab.

Aus der Haltung, dem Gesichtsausdruck und den Gesten des Jesuskindes auf dem Arm seiner Mutter wird mir Gottes liebende Fürsorge für alle Menschen und die gesamte Schöpfung bewusst. Aus der für mich zuerst »herrschenden« Bildaussage wird beim langen Schauen auf die Ikone zunehmend eine Heilszusage.

Denn der Herr schaut herab aus heiliger Höhe, vom Himmel blickt er auf die Erde nieder; er will auf das Seufzen der Gefangenen hören und alle befreien, die dem Tod geweiht sind (Psalm 102,20–21).

Jesus Christus, der Herr, als Kind auf den Armen der Mutter, ist das Fleisch gewordene Wort Gottes, die Quelle aller Weisheit, das Alpha und das Omega der Schöpfung, die Herrlichkeit Gottes. Wie lichtvoll es im Kind, aber auch in der Mutter ist, deutet der goldene Hintergrund an, der die Gegenwart Gottes versinnbildlicht. Ein von oben einfallendes Licht erleuchtet das Gesicht des Kindes, seine rechte segnende Hand und ein wenig auch das Gesicht der Gottesmutter und ihre linke Hand. Es ist das Licht der im Herzen des Kindes und seiner Mutter aufstrahlenden göttlichen Liebe, die die tiefe Verbindung zwischen Mutter und Sohn zum Ausdruck bringt. Diese Verbindung und Verbundenheit zwischen Mutter und Sohn zeigt sich dem Betrachter der Ikone nicht sofort – sie geht ihm erst langsam auf, wenn er vor diesem Bild betet.

Nachweislich ab dem 14. Jahrhundert befindet sich die wundertätige Ikone der »Gottesmutter mit drei Händen« (Tricherusa) im serbischen Athoskloster Chiliandar. Seit dieser Zeit haben sowohl vor dem hochverehrten Gnadenbild als auch vor seinen Nachbildungen unzählige gläubige Menschen aus der ganzen Welt gebetet und die »Tricherusa« angefleht, ihnen in ihrer inneren und äußeren Not zu helfen.

Maria tritt mit allem, was sie an Wissen, Weisheit und Gnade von Gott empfangen hat – alles in ihrem Herzen bewahrend – zurück und weist mit einer innerlich starken, doch gleichzeitig verhaltenen Geste auf ihren Sohn. Das Kind scheint aller Umarmung, wie sie auf den meisten Gottesmutter-Ikonen dargestellt wird, entwachsen zu sein. Und doch bedarf es noch eines geheimnisvollen Austausches mit der Mutter. Ihre Liebe geht mit ihrem Sohn bis unter das Kreuz und darüber hinaus bis in die Ewigkeit. Und Jesus schenkt uns nicht nur Vergebung, sein Licht und seine Gnade, sondern auch seine Mutter als Fürsprecherin und Mutter aller Menschen. Wie auf dieser Ikone die Augen und damit die innere Bewegung der Gottesmutter den Betrachter auf das göttliche Kind verweisen, so übergibt Jesus im Todeskampf am Kreuz dem Jünger, den er liebte – und damit auch uns –, seine Mutter mit den Worten: *Siehe, deine Mutter!* (Johannes 19,27).

Das Besondere, was diese Ikone von anderen Darstellungen der »Gottesmutter mit dem Kind« unterscheidet, sind ihre drei Hände. Vielen Betrachtern der »Tricherusa« geht dieses Geheimnis nicht sofort auf. Sie brauchen lange, bis sie die dritte Hand der Gottesmutter entdecken. So erging es auch mir, als ich zum ersten Mal – es war in Jerusalem – vor der »Gottesmutter mit drei Händen« stand. Ich sah zunächst ihre Linke, die über ihrem Herzen liegt und auf Jesus verweist – einladend, damit wir ihm näherkommen und durch ihn Gott erkennen, der uns geschaffen hat und zu dem wir gehören.

Als ich neben der rechten Hand, die Jesus trägt, die dritte Hand entdeckte, die die Linke zu unterstützen scheint, sah ich, dass sie neben den beiden Heiligenscheinen einen dritten geheimnisvollen Kreis bilden: das Haus der Liebe, in dem die Heilige Dreifaltigkeit wohnt. Durch seine Menschwerdung entsteigt Jesus Christus diesem göttlichen Raum, der – wie der Kreis – kein Anfang und kein Ende kennt, und wendet sich dem Menschen zu. Die elf Kreise auf seinem Gewand, von denen jeder wiederum aus sieben Kreisen besteht, bringen das Geheimnis Gottes vielfältig in die Schöpfung hinein, damit es einem jeden von uns und überall offenbar werden kann.

Die Hände der Gottesmutter bieten, so wie es ihre innere Berufung und Bestimmung ist, das Kind als Erlöser und Heiland allen Menschen der Welt an, die bereit sind, den Gottessohn Jesus Christus glaubend anzunehmen.

Die Hände der Gottesmutter bilden einen Dreiklang, so als ob sie singen würden:

Meine Seele preist die Größe des Herrn, und mein Geist jubelt über Gott, meinen Retter! (Lukas 1,46–47).

Doch dies geschieht ganz im Geheimen, im inneren Raum. Trotz der überwältigenden Freude über ihren göttlichen Sohn weiß Maria, was es heißt, arm und auf der Flucht zu sein, im Ungewissen zu leben, nicht verstanden zu werden, unter dem Kreuz zu stehen und Gefühle zu haben, die sie niemandem offenbaren kann. Deshalb ist sie nicht nur liebende Mutter für ihren Sohn, der gekreuzigt wurde, sondern für alle Menschen, denen Leiden und Schmerzen in dieser Welt nicht erspart bleiben.

Die drei Hände der Gottesmutter unterstreichen ihren Ruf, der an alle geht, Jesus Christus nicht nur in den Blick, sondern auch in unser Herz aufzunehmen. Denn er, ihr göttlicher Sohn, möchte uns zum Haus Gottes geleiten, das reine Liebe ist und in der wir beheimatet sind.

Der fünfte Brief

In einem Dankesbrief an Henri Nouwen fragte ich ihn, ob er es mir erlauben würde, unsere gemeinsame Geschichte der »Tricherusa« zu veröffentlichen. Ich bat ihn ferner darum, sowohl seine Briefe – die persönlichen Worte an mich ausgenommen – als auch die Anlagen seiner Briefe und ganz besonders seine geistliche Betrachtung herausgeben zu dürfen. In seinem nächsten Brief gibt er mir Antwort.

Vielen Dank für Ihren wunderbaren Brief. Ich weiß es wirklich zu schätzen, von Ihnen zu hören. Bitte fühlen Sie sich frei, die Dokumente, die ich Ihnen geschickt habe, so zu verwenden, wie Sie es möchten. Falls Sie planen, irgendetwas zu veröffentlichen, bin ich gern bereit, einige Sätze dazu zu schreiben.

Ich freue mich darauf, ein Foto Ihrer Ikone zu sehen. Vielen Dank für Ihren Brief.

Brief von Henri Nouwen,
The Divinity School, Yale University, New Haven,
Connecticut, 30. Juni 1980

Leider konnte ich von diesem entgegenkommenden und großzügigen Angebot Henri Nouwens seinerzeit keinen Gebrauch machen, da mich die Vorbereitungen auf das Theologische Examen und auf die Priesterweihe sehr in Anspruch nahmen. Danach war es meine erste Stelle als Kaplan, die mit vielen Stunden Religionsunterricht verbunden war, und somit mir wiederum noch nicht erlaubte, etwas zu publizieren.

Erst zwölf Jahre später – Henri Nouwen war bereits Seelsorger der »Arche«-Gemeinschaft Daybreak in Toronto, Kanada – kam ich auf sein freundliches Angebot zurück und bat ihn, das Vorwort zu dem Buch »Das Kosmische Gebet. Einübung nach Origenes« zu schreiben. Er hat das Vorwort nicht nur mit großartigen Worten verfasst, sondern es auch für eine Rundfunksendung zu dem gleichnamigen Buch auf Tonträger in deutscher Sprache aufgesprochen.

DER SECHSTE BRIEF

*I*ch danke Ihnen herzlich für Ihren so freundlichen Brief und besonders für das großartige Bild Ihrer Ikone. Ich weiß Ihre guten Worte sehr zu würdigen, die Sie mir zu meinen Veröffentlichungen und zu meinen Büchern geschrieben haben. Beim Anblick Ihrer Ikone der »Gottesmutter mit drei Händen« muss ich an meinen Besuch in Israel denken. Kein Land hat mich so tief berührt und bewegt wie dieses.

Auch die Begegnung mit Michael Benham von den Ikonen war für mich beeindruckend. Ich würde ihm gern die Ergebnisse unserer Nachforschungen über die Ikonen der »Gottesmutter mit drei Händen« zukommen lassen, aber ich weiß seine Adresse nicht mehr. Könnten Sie mir da weiterhelfen?

Es war gut, wieder von Ihnen zu hören.

Brief von Henri Nouwen,
The Divinity School, Yale University, New Haven,
Connecticut, 29. September 1980

III.
Betrachtung
der Ikone »Tricherusa«
durch Peter Dyckhoff

Betrachtung der Ikone »Tricherusa«

Das Wort »Ikone« stammt aus dem Griechischen und heißt übersetzt »Bild«. Die meisten Menschen jedoch verstehen unter dem Wort »Ikonen« Tafelbilder aus Holz, die aus der Ostkirche stammen und Jesus Christus, die Gottesmutter oder Heilige darstellen.

Meine Ikone, die »Gottesmutter mit drei Händen« – ich sage gern »Tricherusa« zu ihr – hat mich von dem Zeitpunkt an, als sie im Jahr 1979 in Israel, in Jerusalem, zu mir kam, immer begleitet. Ich erinnere mich noch allzu gut an die einzelnen Mitglieder unserer Reisegruppe. Eine Person war darunter, die sich mir, besonders am Ende unserer neutestamentlichen Studienreise, des Öfteren durch Äußerungen und Verhaltensweisen unangenehm in den Weg stellte. Später wurde mir klar, dass ich diesen Menschen in gewisser Weise provoziert hatte – allerdings unbewusst. Ich hatte Erwartungen an ihn gestellt und dabei muss etwas Zwingendes von mir ausgegangen sein, gegen das er sich mit Recht wehrte. Doch in den letzten Tagen in Israel und auf dem Rückflug nach Rom war mir das noch nicht klar, und ich litt jedes Mal darunter, wenn ich auf eine Frage keine Antwort bekam oder diese Person mir auswich, sodass alle anderen es bemerkten.

Ich wurde stark an die letzten zwei Jahre meiner Gymnasialzeit erinnert. Da gab es auch immer wieder recht unangenehme Situationen für mich, die durch einen Mitschüler ausgelöst wurden. Von ihm und seinem Verhalten mir gegenüber hatte ich bestimmte Vorstellungen. Es gab Spannungen, die damals für mich schwer zu ertragen waren.

Sollte eine einmalige und ausgezeichnete Studienreise, die als Semester im Fach »Neues Testament« anerkannt wurde, mit einer ähnlichen Spannung belastet werden? Bei dem Gedanken und der Erkenntnis, dass sich wie damals ein Schatten oder Unerlöstes so vehement in mir meldete, ging es mir nicht gut. Es gab niemanden, mit dem ich darüber sprechen konnte – zumal der Tag mit Studien und Programmen voll ausgelastet war.

Auf einmal jedoch wurde mir die Nähe zur »Tricherusa« bewusst, ja, besser gesagt, die Ikone wurde in mir spürbar. Nach dem Erwerb vor etlichen Wochen in Jerusalem hatte ich sie gut verpackt und zuunterst in meinen Koffer gelegt. Ich hütete sie als »mein Geheimnis« und niemand wusste etwas von ihr. Als ich spät am Abend in meinem Zimmer, es glich eher einer Mönchszelle, allein war, stellte ich sie auf und begann vor ihr zu beten, still zu werden und dann zu schweigen, um ihr Bild in mich aufzunehmen. Ich wandte mich zunächst fürbittend an die Gottesmutter und spürte im gleichen Augenblick, dass ihr Sohn ja bereits anwesend ist. Diese Einheit ist im Geheimnis der Menschwerdung begründet, an dem Maria und der Sohn gemeinsam teilhaben.

Das wohl Entscheidende an diesem Abend vor der »Tricherusa« war die Veränderung des Niveaus meines Bewusstseins. Ich nahm wahr, dass sich etwas wie ein Fenster öffnete und ich mich nicht mehr einzig und allein auf der Ebene des Getroffen- und Verletztwerdens befand. Es war ein wunderbares Aufatmen vor dem Bild, das mir jetzt eine ganz neue Dimension offenbarte: die des Gehalten- und Angenommenseins. Da war auf einmal mehr in mein Leben getreten oder eine andere Ebene spürbar als nur das eigene Ich, das sich mit seinen Verletzungen beschäftigte.

Lange habe ich an diesem Abend die Ikone angeschaut, ja, sie mehr oder weniger auswendig gelernt, bis ich vor dem Bild der Gottesmutter – übermüdet von den Anstrengungen des Tages – einschlief. Die folgenden Tage und die Rückreise, zusammen mit der Studiengruppe, wurden nicht nur wesentlich leichter, sondern zeitweilig sogar wieder recht angenehm. Und jedes Mal, wenn sich eine Situation anbahnte, in der ich mich vorher betroffen oder gar verletzt gezeigt hatte, gingen jetzt meine Gedanken wie von selbst zur Ikone in meinem Reisegepäck und mir war, als könnte ich mit ihr wortlos sprechen.

Durch Bombendrohungen bedingte Verspätungen im Flugverkehr ließen die Rückreise endlos lang erscheinen. Unsere Gespräche verstummten langsam und einige Studienkollegen begannen, auf den recht unbequemen Sitzgelegenheiten in der Wartehalle zu schlafen. Auch ich träumte ein wenig vor mich hin, getragen von dem Bewusstsein, eine sicherlich geweihte und durch fast zweihundert Jahre Kirchengeschichte gegangene Ikone bei mir zu haben. Durfte ich wirklich davon ausgehen, dieser Ikone eine besondere Wirkkraft zuzuschreiben? Ich dachte an den schlichten Glauben eines russischen Menschen und dabei fiel mir die Erzählung »Der versiegelte Engel« von Nikolaj Leskov ein.

Soweit ich mich erinnerte, zog eine Gruppe von Steinmetzen durch Russland, die in ihrem Gepäck eine Engel-Ikone mit sich führten, vor der sie nach getaner Arbeit gemeinsam beteten. Sie waren fest davon überzeugt, dass sie es dem Engel zu verdanken hätten, dass sie überall Anstellung und Auskommen fanden. In der Ikone – so glaubten sie – sei der Engel selbst unter ihnen gegenwärtig und bewahre sie mit seiner himmlischen Kraft vor allem Unheil. Als den Steinmetzen jedoch durch widrige Umstände die Ikone genommen wurde, fühlten sie sich schutzlos bösen Geistern ausgeliefert. Erst nachdem die Ikone zu ihnen zurückgekehrt war, konnten sie wieder in Frieden miteinander leben und arbeiten.

In meinem Zimmer in der Theologischen Hochschule in Brixen erhielt die »Tricherusa« einen Ehrenplatz – so, dass ich sie von meinem Schreibtisch und von meinem Bett aus anschauen konnte. Später war sie dann bei den vielen Versetzungen, die ich als Priester über mich ergehen lassen musste, mir aber zeitweilig auch wünschte, immer dabei, oder ich sage besser, anwesend.

Gottesmutter mit drei Händen,
19. Jahrhundert, Griechenland
Im Besitz von Peter Dyckhoff

Unter deinen Schutz und Schirm
fliehen wir, o heilige Gottesgebärerin;
verschmähe nicht unser Gebet in unseren Nöten,
sondern erlöse uns jederzeit aus allen Gefahren,
o du glorreiche und gebenedeite Jungfrau.
Unsere Frau, unsere Mittlerin, unsere Fürsprecherin.
Versöhne uns mit deinem Sohne,
empfiehl uns deinem Sohne,
stelle uns vor deinem Sohne.

Ältestes Mariengebet aus dem 3. Jahrhundert

Weihe der Ikone

B evor früher eine Ikone zur Verehrung freigegeben wurde, erhielt sie die Weihe durch einen Priester. Dieser schrieb dann eigenhändig den Namen des Heiligen oder der Gottesmutter oben auf die Ikone. Damit bestätigte er und besiegelte es, dass die Ikone nach den althergebrachten Regeln gemalt wurde und in der Darstellung ganz der Wahrheit des Evangeliums entspricht. Vor der Weihe jedoch stellte der Priester die Ikone vierzig Tage lang in seiner Kirche auf oder legte sie gar auf den Altar, um sie besonders bei der Eucharistiefeier mit Gnade »aufzuladen«. In der vierzigtägigen Weihezeit betete er, dass das Urbild im Himmel seine himmlische Präsenz, seine Ausstrahlung und seine wundertätige und wirkmächtige Kraft auf die Ikone übertragen möge. Somit können dann später die Menschen, die vor der Ikone beten, teilhaben an den göttlichen Gaben und Kräften. Während dieser Zeit verlor die Ikone auch ihren Geruch von Farbe und Firnis und nahm mit dem Weihrauch den typischen Kirchengeruch an. In einem alten Weihegebet heißt es:

In der Erfüllung der Zeit sandtest Du Deinen Eingeborenen Sohn, unseren Herrn Jesus Christus, geboren von einer Frau, der Jungfrau Maria, welcher Knechtsgestalt annahm und Mensch wurde. Siehe barmherzig auf uns und auf diese Ikone, um der Menschwerdung und Erscheinung Deines vielgeliebten Sohnes willen, zu dessen Ehre und Gedächtnis wir sie angefertigt haben, sende auf sie Deinen himmlischen Segen und die Gnade des allheiligen Geistes. Allen aber, die Dich und Deinen Eingeborenen Sohn und Deinen allheiligen und lebendigmachenden Geist vor dieser Ikone anbeten und gläubig vertrauensvoll anrufen, gewähre gnädig die Erhörung und schenk ihnen das Erbarmen Deiner Menschenliebe und Gnade. Denn Du bist unsere Heilung, und Dir gebührt Ehre mit Deinem Eingeborenen Sohn und Deinem allheiligen gütigen und lebendigmachenden Geist, jetzt und alle Zeit und von Ewigkeit zu Ewigkeit.

(Zitiert nach H. P. Gerhard, 35)

Im Namen des Vaters und des Sohnes und des Heiligen Geistes

Mir fiel auf, dass in diesem alten Weihegebet verstärkt die allerheiligste Dreifaltigkeit angesprochen wird. Ich habe an verschiedenen Tagen mehrmals dieses Gebet vor meiner Ikone gebetet und danach sie lange schweigend angeschaut. Und auf einmal ging mir auf, wie die »Tricherusa« nicht nur durch ihre drei Hände diesen Dreiklang mit dem Hinweis auf die Dreifaltigkeit widerspiegelt, sondern ebenso verschiedene andere Elemente.

Zwischen zwei Händen, vor der Leibmitte der Gottesmutter, entfaltet sich eine goldfarbene Blattformation in Form eines Dreiecks. Genau auf dieser Linie – es ist die Mitte der Ikone – befindet sich auf dem dunklen Untergewand Mariens, das als Dreieck sichtbar wird, ein weiteres Blattmotiv in Dreiecksform und ein drittes in der Mitte des Kopfschleiers, das wie eine Lotosblume wiederum dreifach nach oben geöffnet ist. Beim längeren Anschauen ist eine aufsteigende Energie zu spüren, die oberhalb des Kopfes rahmensprengend wirkt. Vielleicht ist diese aufwärtsstrebende transzendente Kraft die Ursache dafür, dass der Ikonenmaler sowohl den Heiligenschein als auch den Kopf der Gottesmutter über den Rand des Bildes hinaus gemalt hat. Vielleicht wollte er damit ihr Ruhen in Gott andeuten.

Auch der Heiligenschein des Kindes, der sich mit dem seiner Mutter überschneidet, hat Anteil an dieser nach oben ziehenden Kraft.

Zieht man die Diagonalen des Bildes, so entstehen vier Dreiecke. Das obere Dreieck ist ganz mit dem Kopf der Gottesmutter ausgefüllt; das linke Dreieck beherrscht das aufrecht sitzende Kind; das untere Dreieck bestimmen die drei Hände der Gottesmutter und das rechte Dreieck hat ein üppiges goldfarbiges Blattornament zum Mittelpunkt. In der Mitte dieses Blattwerkes scheint sich eine Blüte zu öffnen. Ein goldener Streifen unterhalb der Blüte vom Saum des Obergewandes der Gottesmutter unterstreicht die sich nach oben öffnende Richtung des Blattwerkes. Auch die anderen Blütenornamente lenken den Blick des Betrachters auf das göttliche Kind: das mehrgliedrige Goldblatt rechts unten auf dem linken Ärmel der Gottesmutter sowie die beiden oben und unten in Dreiecksform angelegten Ornamente direkt vor dem Kind. Diese eindeutige Hinwendung zu Christus wird vor allem von der linken, hinweisenden Hand der Gottesmutter ausgedrückt.

Nach Augustinus ist die Zahl Drei die der Seele. Fast auf jedem christlichem Bild ist ein Dreiklang entweder versteckt oder offensichtlich dargestellt, denn das Fundament des christlichen Glaubens ist die Heilige Dreifaltigkeit. Die Drei als Symbol Gottes bedeutet die Überwindung der Entzweiung und drückt in ihrem den Anfang, die Mitte und das Ende umfassenden Wesen die Vollkommenheit aus. Die drei Engel, die bei Abraham erscheinen, weisen auf den einen Gott hin. Die drei Jünglinge im Feuerofen lobpreisen ihn, und die drei Könige huldigen dem Mensch gewordenen Gottessohn. Wie Jona drei Tage und drei Nächte im Bauch des Fisches war, so war auch Christus drei Tage und drei Nächte im Innern der Erde.

Das Geheimnis des Kreuzes

Die beiden Hauptlinien des Bildes, die von unten geradlinig aufsteigende und über den Bildrand verweisende Energie und die über das Blattwerk von unten rechts zum Kind führende, treffen sich genau im Mittelpunkt, das heißt, im Schnittpunkt der Diagonalen des Bildes. Sie bilden im Geheimen ein Kreuz, das somit unsichtbar die gesamte Ikone durchzieht.

Simeon sagte zu Maria, der Mutter Jesu: Dieser ist dazu bestimmt, dass in Israel viele durch ihn zu Fall kommen und viele aufgerichtet werden, und er wird ein Zeichen sein, dem widersprochen wird. Dadurch sollen die Gedanken vieler Menschen offenbar werden. Dir selbst aber wird ein Schwert durch die Seele dringen (Lukas 2,34–35).

Die von unten rechts aufsteigende Linie findet ihr Ende und damit ihre Erfüllung beim Kind, das durch den Segensgestus seiner rechten Hand ihr Halt gebietet. Der Ikonenmaler unterstreicht dieses Zur-Ruhe-Kommen durch die linke Hand, die sich auf eine Schriftrolle stützt.

So kam er auch nach Nazaret, wo er aufgewachsen war, und ging, wie gewohnt, am Sabbat in die Synagoge. Als er aufstand, um aus der Schrift vorzulesen, reichte man ihm das Buch des Propheten Jesaja. Er schlug das Buch auf und fand die Stelle, wo es heißt: Der Geist des Herrn ruht auf mir; denn der Herr hat mich gesalbt. Er hat mich gesandt, damit ich den Armen eine gute Nachricht bringe; damit ich den Gefangenen die Entlassung verkünde und den Blinden das Augenlicht; damit ich die Zerschlagenen in Freiheit setze und ein Gnadenjahr des Herrn ausrufe (Lukas 4,16–19).

Das göttliche Kind

Ich nehme dem Kind, das auf dem rechten Arm der Mutter sitzt, diese Worte ab. Abweichend von den klassischen Mariendarstellungen zeigt die »Tricherusa« das Kind nicht auf dem linken, sondern auf dem rechten Arm der Mutter. Man nennt diesen Ikonentypus daher »Dexiokratousa« (die rechts Tragende). Im Gegensatz zur Mutter, von der ein sanftes Lächeln ausgeht, macht ihr Sohn einen sehr ernsten und weisen Eindruck. Er schaut in die Ferne, wohl wissend, welche Aufgaben und welches Schicksal auf ihn zukommen. Die ausgeprägten Tränensäcke unter den Augen lassen den Gesichtsausdruck noch ernster erscheinen und deuten darauf hin, dass der Weg in und durch die Welt alles andere als einfach sein wird. Wie die Mutter, so hat auch das Kind braune Augen.

Vergeblich versuche ich, den Blick der Mutter und den ihres Sohnes auf mich zu lenken. Jedes Mal, wenn ich in das Gesicht der Gottesmutter schaue, habe ich jedoch zunächst den Eindruck, dass sie mich anschaut. Betrachte ich ein wenig länger ihre Augen, zeigt ihr Blick eine ganz andere Richtung: Er geht nach innen.

Maria aber bewahrte alles, was geschehen war, in ihrem Herzen und dachte darüber nach (Lukas 2,19).

Von ihr, der Mutter des Sohnes, geht eine schweigende Zärtlichkeit und Liebe aus, die den Betrachter mitnehmen wollen zum göttlichen Kind. Dies unterstreicht der Ikonenmaler noch einmal durch äußere Zeichen: Maria neigt ihren Kopf sanft und liebevoll ihrem Sohn zu und weist mit ihrer linken Hand auf ihn, so, als ob sie sagen wollte: »Seht den Erlöser und Heiland der Welt, der es auch mit dir unendlich gut meint!« Der goldfarbige Saum ihres Gewandes deutet in die gleiche Richtung wie auch das Blattwerk auf ihrem linken Ärmel und auf der linken und der rechten Schulter.

Du gabst zur Mittlerin uns,
die nie wird zuschanden, deine Mutter, o Christus.
Auf ihre Bitten teile gnädig uns zu
den Güte spendenden Geist,
der aus dem Vater hervorgeht durch dich.
(Johannes von Damaskus, A. Adam, 123)

Auf ihrem rechten Arm trägt die Gottesmutter Christus, der wiederum das Weltall trägt durch sein machtvolles Wort. Sein Untergewand zeigt eine blaue Farbe, die höchst geistliche und am wenigsten materielle Farbe, in der der Himmel sich zur Erde neigt. Um Details dieser Ikone besser erkennen zu können, wie zum Beispiel die Schriftrolle, die Christus mit seiner linken Hand umfasst, nahm ich eine Lupe und hielt sie ungefähr zwanzig Zentimeter vom Bild entfernt und gleichzeitig zwanzig Zentimeter im Abstand von meinen Augen. Als ich so auf das blaue Gewand schaute, erhob sich auf einmal die segnende Hand aus dem Bild und mit ihr in dreidimensionaler Sicht die zwölf roten

Blumenmotive, die wiederum eine dreieckige Form haben. Ist das Zufall oder hat der Maler bewusst diese verborgene Tiefe gemalt?

Die Zahl Zwölf bezeichnet im Alten Testament die zwölf Söhne Jakobs als Stammväter der zwölf Stämme Israels. Im Neuen Testament sind es die zwölf Apostel, die zu den tragenden Säulen der Christenheit wurden. Das Fundament der himmlischen Stadt, das neue Jerusalem, besteht aus zwölf Grundsteinen, und ihre Stadtmauer hat zwölf Tore.

Das Obergewand Christi, das von der linken Schulter bis zu seinen Füßen herabfällt, ist goldfarben. Diese Farbe, die neben der Purpurfarbe zu den kostbarsten gehört, symbolisiert die Gegenwart Gottes. Daher sind auch die Heiligenscheine und der Hintergrund der Ikone goldfarben. Trotz langen Suchens konnte ich nicht entschlüsseln, was die sonderbar angeordneten roten Strahlen im Heiligenschein des Kindes zu bedeuten haben. Die Applikationen auf dem Gewand der Gottesmutter, die ebenfalls goldfarben sind, zeigen, dass sie Anteil an der wunderbaren Ausstrahlung und Herrlichkeit Gottes hat.

Die kosmische Dimension

Auffallend an dieser Ikone sind runde Vertiefungen in Form eines Vierecks auf dem goldenen Gewand des Jesuskindes und im Heiligenschein der Gottesmutter. Diese runden Vertiefungen befinden sich auch an den Ärmeln der mittleren und linken Hand der Gottesmutter. In den Grund eingetriebene Kreise verzieren den Goldsaum ihres roten Gewandes. Die somit plastisch hervorgehobene Goldleiste umrahmt auch ihr Gesicht und ihren Hals. Die vertieften Punkte und Kreise im Goldgrund lassen durch Reflexion des auffallenden Lichtes die gesamte Ikone besonders lebendig erscheinen. Wenn der Lichteinfall wechselt – besonders durch das Tageslicht –, bekommt dadurch die »Tricherusa« einen immer neuen Ausdruck.

Die runden Vertiefungen sind dem goldenen Gewand Christi in Form eines Vierecks eingeprägt. In der Heiligen Schrift ist die Zahl Vier Hinweis auf die von Gott erschaffene Welt. Aber auch in anderen Kulturen symbolisiert sie das irdische Universum und die kosmische Ordnung. Es gibt vier Himmelsrichtungen, vier Jahreszeiten und vier Elemente. Die vier Kardinaltugenden sind: Klugheit, Gerechtigkeit, Starkmut und Mäßigung. Wie die Paradiesesströme Pischon, Gichon, Euphrat und Tigris die vier Bereiche der Erde bewässern, so tragen die vier Evangelisten das Wasser der Offenbarung, die Botschaft Jesu, in alle Weltgegenden.

Die gleichen Formationen zieren sieben Mal den Nimbus der Gottesmutter. Die Welt, der die Zahl Vier zugeordnet ist, möchte in ihrem tiefsten Wesen mit Gott, dem die Zahl Drei zukommt, eins werden, und gleichzeitig ist es die Sehnsucht Gottes, die Welt mit sich zu vereinen. Aus diesen zueinander strebenden Bewegungen entsteht die heilige Zahl Sieben. Gott handelt an Maria, die wiederum im Aufschauen auf Gott lebt. Die Sieben erscheint in der Heiligen Schrift an bedeutenden Stellen, immer, wenn vom Handeln Gottes mit den Menschen die Rede ist: angefangen vom siebten Tag der Weltschöpfung, dem Ruhetag Gottes und seines Volkes, über die sieben Bitten des Vaterunsers, die sieben Gaben des Heiligen Geistes, die sieben Sakramente bis hin zum »Buch mit den sieben Siegeln«.

Die göttliche Mutter

In der lateinischen (katholischen) Kirche, die christologisch ausgerichtet ist, beginnt das Kirchenjahr mit dem ersten Adventssonntag und endet am Christkönigsfest. Das Kirchenjahr ist somit auf die Wiederkunft Christi ausgerichtet: von der adventlichen Erwartung seiner Ankunft bis zur Feier seines Königtums, das am Ende der Zeit ganz offenbar wird. Die Ostkirche ist mehr marianisch ausgerichtet. Die byzantinische Orthodoxie beginnt das Kirchenjahr am ersten September und rahmt es ein durch die Feier des gegenwärtigen Heils. Das erste große Fest ist das der Geburt der Gottesmutter am achten September, der Beginn der Geschichte der Menschwerdung Gottes. Das letzte Hochfest ist das Fest der Entschlafung der Gottesmutter (Mariä Himmelfahrt) am fünfzehnten August. In ihm wird gefeiert, dass das österliche Heil bereits gegenwärtige Wirklichkeit ist, allen voran in der verherrlichten Gottesmutter Maria.

Viele Menschen finden keinen Zugang zu Maria. Für andere wiederum bleibt sie der versiegelte Quell und der verschlossene Garten. Nur der Glaube als Geschenk der Gnade und der Liebe Gottes erschließt die Schönheit dieses Gartens und entsiegelt die Quelle, die in ihm strömt und aus der Dürstende trinken. Durch Maria – und dies ist und bleibt ein Geheimnis – steigt

Gott zu den Menschen herab. Das Anschauen der Gottesmutter-Ikone und das Beten vor ihr bringt den Betrachter und Betenden diesem Geheimnis näher. Er erfährt die Ikone als ein Tor, das sich langsam zum Göttlichen hin öffnet – vorausgesetzt, dass der Glaube das nur gesetzhaft oder konventionell Vorgegebene transzendiert. Dies kann nur geschehen, wenn im betenden Vollzug die Hingabe an den Willen des Vaters eingeübt wird.

Der Maler der »Tricherusa« hat die verborgene Nähe Mariens zum Schöpfer wunderbar dargestellt, indem er ihren Heiligenschein und ihren Kopf über den festgelegten Rahmen hinausragen lässt. Diese Nähe war von solcher Innigkeit, dass ihre Gottesmutterschaft daraus hervorging. Je größer eine Gnade, desto mehr ist Gott darauf bedacht, sie im Verborgenen, geschützt vor der Neugier und dem Lärm der Welt, sich vollenden zu lassen. Maria wird zur Christusträgerin.

Wie Jesus durch Maria das Menschliche lernt, so lernt Maria durch ihren Sohn das Göttliche. Mit zunehmendem Alter tritt in Jesus das göttliche Geheimnis noch stärker hervor, und er fordert, bei seiner Mutter beginnend, die Ebene des reinen Glaubens. Die Ikone der »Tricherusa« zeigt nicht mehr ein kleines liebliches Kind, sondern bereits einen Christus, der auch Maria nicht die Erfahrung erspart, dass er für nur menschliches Verstehen der Unbegreifliche ist. Ich höre Maria fragen:

Kind, wie konntest du uns das antun? Dein Vater und ich haben dich voll Angst gesucht (Lukas, 2,48b).

Diese vom Menschlichen her nur allzu gut verstehbare Frage kommt aus der Region des Kreuzes. Jesu Antwort dagegen kommt aus der Herrlichkeit seines Wohnens in Gott. Obwohl es ihr bei der Verkündigung gesagt wurde, muss Maria neu lernen, woher der Sohn kommt und wo er sein innerstes Zuhause hat. Jesus offenbart sich seiner Mutter gegenüber wie keinem anderen Wesen. Während sie die verborgenen Jahre in Nazaret mit ihrem Sohn teilt, nimmt sie alle Wesenszüge seines Verhaltens im Glauben wahr, lässt sich von ihnen prägen und wird so ihm gleichförmig wie niemand sonst.

Von der Fessel des alten Fluches, Gottesmutter,
hast du die Menschheit befreit.
Drum flehe ich zu dir,
zu lösen in meinem Herzen
jegliche Fessel des Bösen.
Makellose, indem du mit heiliger Liebe
an den Schöpfer mich fesselst.
(Johannes von Damaskus,
Kanon auf die Gottesmutter)

Wir werden, was wir schauen

Wie Jesus durch Maria das Menschliche lernt, so lernt Maria durch ihren Sohn das Göttliche. Wie er ihr ähnlich ist durch die menschliche Geburt, so wird sie ihm ähnlich – dem Sohn Gottes. Für Maria war es von Gott vorgesehen, dass sie als einziger Mensch den Menschen Jesus in allen Phasen und Zeiten seines Werdens und in allen Weisen seines Verhaltens sah und erlebte: das Kind, den Knaben, den Jüngling, den Mann. Im gläubigen Blick auf Jesus wird Maria ihm von Jahr zu Jahr ähnlicher. Wir werden, was wir schauen.

Es ist wunderbar und beruhigend, lange auf die Ikone der »Tricherusa« zu schauen und mitzuerleben, wie sowohl das Leben des Sohnes als auch das verborgene Leben der Mutter ein einziges Geheimnis der Entgrenzung auf Gott hin wird, im Heiligen Geist, im Gehorsam gegenüber dem Willen des Vaters und in völliger Hingabe an Gott, dem Urgrund allen Seins und der Liebe. Was wir im Auge haben, das formt uns.

Vieles strömt täglich auf uns ein: vor allem Tausende von bewegten Bildern, die nicht nur von unseren Augen, sondern auch von unserem Inneren aufgenommen und verarbeitet werden. Wenn es eben möglich ist, sollten wir uns der Fülle der auf uns einströmenden Bilder entziehen und eine Auswahl treffen. Hinzu kommt, dass wir vielen unguten Impulsen täglich ausgesetzt sind, ohne uns davor schützen zu können. Wie wohltuend und heilsam ist es, im Innehalten ein Bild lange anzuschauen und zu verinnerlichen, das uns eine Botschaft aus tiefer Glaubensüberzeugung vermitteln möchte. Vor allem gehören die wundertätigen Ikonen zu diesen Bildern, deren eigentliches Geheimnis sich erst im Schauen und Beten offenbart. Die »Tricherusa« gehört zu den wundertätigen Ikonen, die nicht nur Johannes von Damaskus ihre heilende Kraft hat zuströmen lassen, sondern vielen Menschen nach ihm bis in unsere Zeit. Die Ikone der Gottesmutter anschauen und im Beten und Anschauen vor ihr verweilen, schweigend mit ihr Kontakt aufnehmen und ihre Ausstrahlung auf uns wirken lassen. Wir werden zu dem, was wir schauen.

DER FRUCHTBRINGENDE WEINSTOCK

Am Ende der Betrachtung der »Gottesmutter mit drei Händen« möchte ich von einem Ereignis sprechen, das meine Familie und mich in großes Staunen und in unendliche Dankbarkeit versetzt hat. Nach einigen Umwegen, die mich das Leben, zeitweilig aber auch meine Eigenwilligkeit, führte, erfüllte sich die erste Stufe meines sehnlichsten Wunsches: Am Sonntag, 23. März 1980, wurde ich im Dom zu Brixen zum Diakon geweiht. In den Wochen der Vorbereitung fragte ich den Regens des Priesterseminars, ob er es erlaube, dass meine Familie an diesem Wochenende im Priesterseminar wohne. Das Haus, in dem sich auch die Philosophisch-Theologische Hochschule befindet, ist sehr groß. Durch die ständig abnehmende Zahl der Priesteramtskandidaten war nur ein Drittel der zur Verfügung stehenden Zimmer durch sie belegt. Die anderen Zimmer wurden – vornehmlich in den Semesterferien – an Reisegruppen vermietet, um einigermaßen die Kosten, die dieses große Haus verschlang, zu decken. Der Regens kam meinem Wunsch entgegen, und voll Freude lud ich meine Familie zur Diakonweihe nach Südtirol ein.

Als ich tags zuvor aus den Exerzitien, die Heinrich Spaemann für uns in einem Kloster in Meran gehalten hatte, zurückkam, waren meine Angehörigen schon angekommen und ich konnte sie voll Freude begrüßen. Dankbar war ich, dass sie von Norddeutschland einen so weiten Weg auf sich genommen hatten, um an meinem Fest teilzunehmen. Meine Mutter, meine Schwester und ihr Mann wie auch die anderen Gäste sahen und erlebten jetzt zum ersten Mal die Welt, in der ich die letzten Jahre verbracht hatte. Ich war aufgeregt und gleichzeitig ein wenig stolz, dass nach vielen Jahren des Suchens endlich die erste Stufe meines Wunsches, Priester zu werden, am folgenden Tag vom Himmel und der Erde bestätigt werden sollte.

Zusammen mit meiner Mutter und meiner Schwester verbrachte ich am Vorabend einige Stunden in meinem Zimmer. Beide fragten nach der Ikone der Gottesmutter, die seit meiner Studienfahrt nach Israel mein Zimmer beherrschte. Besonders meine Schwester, die künstlerisch begabt ist und selbst auch malt, wollte alle Einzelheiten über eine so sonderbare Ikone mit drei Händen wissen. Je mehr sie fragte, umso mehr konnte ich ihr auch darüber berichten. Mutter hätte vielleicht an diesem Abend lieber über etwas anderes gesprochen, doch hörte sie zu in der stillen Freude, dass meine Schwester und ich über die »Tricherusa« uns so gut verstanden. Meine Schwester war dreizehn Jahre verheiratet, und obwohl sie und ihr Mann sich so sehr Kinder wünschten, blieb ihnen dieser Wunsch unerfüllt. Als medizinisch-technische Assistentin (MTA) arbeitete meine Schwester mehrere Jahre im Isotopenlabor der Universität Münster. Alle Ärzte, die sie später aufsuchte, versicherten ihr, dass es infolge der Strahlung, die auf sie übergegangen sei, unmöglich wäre, ein eigenes Kind zu bekommen. So lag all die Jahre immer eine gewisse Traurigkeit über ihr. Doch an diesem Abend verabschiedeten wir uns in großer Vorfreude auf den kommenden Tag, und ich zählte die Stunden bis zur Weihe und konnte lange vor aufregender Erwartung nicht einschlafen.

Die freudige und heitere Art der Südtiroler – und bestimmt auch im Geheimen die Gnade Gottes – machten den Festtag für alle zu einem tiefen Erlebnis. Dies zeigte sich in besonderer Weise in der Dankbarkeit meiner Familie, die sie nicht nur bei der herzlichen Verabschiedung am Montag zum Ausdruck brachten, sondern auch durch liebe geschriebene Worte in Briefen, die ich später erhielt.

Vier Monate später, im Juli 1980, besuchte ich in den Sommerferien meine Mutter. Sie nahm mich zur Seite und sagte mir in höchst angespannter Freude, dass meine Schwester ein eigenes Kind erwarte – doch selbst konnte sie es kaum glauben. Als nach einigen Tagen meine Schwester uns besuchte, trat ich ihr ein wenig verlegen gegenüber. Sie hatte jedoch eine solche Lockerheit entwickelt, dass sie ganz offen, und für mich in dem Augenblick etwas zu offen, über alles sprach. Das mich als Geheimnis Anmutende wurde von ihr mit einfachen und klaren Worten offenbart. Da meine Schwester durchaus nicht daran geglaubt hat, noch ein eigenes Kind zu bekommen, hatte sie den Umstand, in dem sie sich bereits, ohne es zu wissen, vier Monate befand, nicht ernst genommen. Sie wunderte sich nur, rundlicher zu werden, und fastete ohne Erfolg. Als der Arzt ihr dann Ultraschall-Aufnahmen zeigte und damit auch ihr eigenes Kind, wurde sie schlagartig zu einem anderen Menschen. Ihre Tochter wurde ohne jegliche Komplikation als gesundes Kind am 16. Dezember 1980 geboren. In einem Gespräch unter vier Augen sagte mir meine Schwester – und das fällt mir ein wenig schwer, an dieser Stelle in Worte zu fassen –, dass sie ihr Kind bei ihrem Besuch zu meiner Diakon-Weihe in Brixen empfangen habe, und dass absolut kein Zweifel an diesem Zeitpunkt bestehe. Ich staunte, wie selbstverständlich und dankbar meine Schwester mit alldem umging. Für mich war es eines der größten Wunder, die ich bisher in meinem Leben erfahren durfte.

Als ich wieder in Brixen war – bis zur Priesterweihe mussten noch zwei Semester absolviert werden –, schaute mich die »Tricherusa« ganz anders an, liebevoller und wissender. Die Legende von der wieder angewachsenen Hand des Johannes von Damaskus ermutigt die Verehrer der »Tricherusa« dazu, die Hilfe der Gottesmutter selbst in aussichtsloser Lage in Anspruch zu nehmen. All die Jahrhunderte hindurch haben Menschen zu dieser wundertätigen Ikone gebetet und, so sagt die Geschichte, teilweise Wunderbares erfahren. So schreibe auch ich ihr im Geheimen – und darüber habe ich bis heute mit niemandem gesprochen – dieses Wunder zu. Etwas Besonderes kommt noch zu all dem Gesagten hinzu. Als ich zur Neuausgabe des Buches »Bilder göttlichen Lebens« von Henri Nouwen seine Briefe und die dazu gehörenden Anlagen, die von der Ikone der »Gottesmutter mit drei Händen« handeln, übersetzte, fand ich einen mich zutiefst beeindruckenden Satz. Im Artikel »Gottesmutter Tricherusa« aus dem »Handbuch der Ikonenkunst« von B. Rothemund, den Henri Nouwen mir zu einem seiner Briefe legte, stehen auf der Seite 253 die Sätze:

Wegen ihrer Berühmtheit hat die Panagia Tricherusa un-
geheure Verbreitung gefunden. Sie wird in Russland, auf
dem Balkan und im griechischen Raum häufig dargestellt.
Teilweise gilt sie auch als Helferin für unfruchtbare Frau-
en (was mit dem Weinstock des Simeonsgrabes dieses
Athosklosters zusammenhängt, in dessen Nähe sie sich
befindet).

Der Zusammenhang zwischen der Ikone der »Gottesmutter mit drei Händen« und dem »Weinstock des
Symeonsgrabes« ist folgender: Der serbische Großfürst
Stephan Nemanja (1168–1196) gründete zusammen mit
seinem Sohn Rastko im Jahr 1198 das Athoskloster Chiliandar. Rastko, der sich als Mönch Sawa nannte, hatte
vom Sabbaskloster bei Jerusalem die Ikone der »Tricherusa« als Geschenk erhalten und brachte sie mit in das
neu gegründete Kloster. Da sie sich bis heute in diesem
Kloster befindet, wird sie auch »Chiliandar-Gottesmut-
ter« genannt. Stephan Nemanja, der zugunsten seines
zweiten Sohnes abgedankt hatte, trug als Mönch den
Namen Symeon. Er lebte zwei Jahre im Serbenkloster
Chiliandar und starb im Jahr 1200. Aus seinem Grab
entsprang eine Traubenrebe, die im Glauben vieler or-
thodoxer Christen Wunder bewirken kann. Es heißt:
Wer tief im Glauben verankert ist und von den Trauben dieser Rebe kostet, dem könne bei Kinderlosigkeit
geholfen werden. Diese Wunder wirkende Heilkraft sei
dann auf die »Tricherusa« übergegangen.

Das Athoskloster Chiliandar besitzt mehrere tau-
send Dankesbriefe, in denen berichtet wird, dass sowohl von den Trauben auf dem Symeonsgrab als auch
von der wundertätigen Ikone eine zum Kindersegen

führende gnadenvolle Kraft ausgegangen ist (Lexikon der Serbisch-Orthodoxen Kirche).

> *Du bist der wahre Weinstock,*
> *der die Rebe des Lebens trägt, Gottesmutter.*
> *Mit den Aposteln bitten wir dich, Gnadenreiche,*
> *um unsere Erlösung.*
> *Gepriesen sei der Herr, unser Gott,*
> *gepriesen Tag für Tag!*
> *Er bereitet uns den Weg;*
> *denn er ist der Gott unseres Heils.*
> (T. Malaty, Gottesmutter,
> Marienlob im Stundengebet)

Die drei Hände der Gottesmutter

Durch das Wunder der geheilten Hand, das Johannes von Damaskus vor seiner Ikone der Gottesmutter erfuhr, kam es zur Darstellung der dritten Hand auf der Ikone. Dadurch erhalten die Hände, die Werkzeug und Spiegel der Seele sind, besonderes Gewicht. Die Hände Mariens sind ganz zum Gebet geworden. Sie sagen mehr als ein Wort, denn sie hüten noch das verborgene Geheimnis Gottes: Gott händigt sich dem Menschen aus Liebe in Jesus Christus bis zum Tod am Kreuz aus. Auch die Hände der Gottesmutter sind geöffnet. Damit sind sie ebenso Zeichen des Aushändigens und der totalen Hingabe an den Willen Gottes. Groß ist die leise Sprache ihrer Hände – und sie ist schön.

Die Kirche sagt, Gott habe uns die Hand gegeben, damit wir die Seele darin tragen. Die geöffneten Hände der Gottesmutter, die den Seelenstrom frei fluten lassen, vermitteln dem Betrachter der Ikone, was die Seele meint. Mit ihrem rechten Arm und der rechten Hand umfasst sie das göttliche Kind. So möchte ich diese Hand die »Tragende« nennen. Die mittlere Hand der Gottesmutter berührt ihre Leibmitte, aus der Jesus geboren wurde und aus der die Urkraft strömt; daher möchte ich sie die »Ruhende« nennen. Die linke Hand, die von der »Ruhenden« und der Kopfhaltung Mariens unterstützt wird, weist mit einladender Gebärde auf ihren Sohn, auf die Menschwerdung Gottes. Ich nenne sie die »Weisende«.

Beim Beten und Ruhigwerden vor der Ikone spüre ich, dass diese Einladung auch mir gilt. Keine einzige Bedingung wird an mich gestellt. Ich bin eingeladen: wer ich auch bin und woher ich auch komme, ob aus der Ferne, der Skepsis, der Dunkelheit oder gar der Gottabgewandtheit. Und immer geleitet mich diese weisende Hand der Gottesmutter ins Innerste, zu ihrem göttlichen Sohn. Christi Mutter erhebt fürbittend für mich und alle Menschen ihre Hände zum Herrn. Wie Maria als Brücke bezeichnet wird, über die der Gottessohn zu den Menschen gekommen ist, so wird sie auch Leiter genannt, über welche die Menschen ihre Gebete und Anliegen zum Heiland und Erlöser senden.

Durch Demut und Hingabe der Gottesmutter wird die Ikone zu einer Christus-Ikone. Die linke Hand Jesu, die eine Schriftrolle umfasst, möchte sagen, dass in ihm die ewige Weisheit wohnt. Die rechte Hand hat er zum Segen erhoben und möchte damit der gesamten Schöpfung und allen Menschen Gutes sagen und Gutes tun. In diesem Segen liegt die Überwindung der Angst und die Überwindung des Todes, die Befreiung zum Leben und zum ewigen Leben. Die segnende Hand Jesu wird immer hingebend und einladend geöffnet bleiben – bis zum Tod am Kreuz und darüber hinaus, bis alle Menschen und die gesamte Schöpfung Erlösung erfahren haben. Die Hand Jesu, die die Welt trägt, und sein Blick möchten aufrichten und Liebe schenken. *Der Vater liebt den Sohn und alles hat er in seine Hand gegeben* (Johannes 3,35).

Heiliger Gott, heiliger Starker,
heiliger Lebendiger und Unsterblicher,
geboren von der Jungfrau,
erbarme dich unser!

Heiliger Gott, heiliger Starker,
heiliger Lebendiger und Unsterblicher,
gekreuzigt an unserer statt,
erbarme dich unser!

Heiliger Gott, heiliger Starker,
heiliger Lebendiger und Unsterblicher,
auferstanden von den Toten
und aufgefahren in den Himmel,
erbarme dich unser!
(Agpeya, Dreiheiliger Lobpreis)

Literatur

Adolf Adam: Maria, wir rufen zu dir. Freiburg 1998, 123.

Agpeya: Das koptische Stundenbuch. Übersetzt von Bernhard und Marlene Wolf-Antonius Wahba. Herausgegeben von Catholica Unio. Würzburg 1984, 50.

Ivan Bentchev: Die dreihändige Gottesmutterikone im Hilandar-Kloster auf Athos. In: Hermeneia. Zeitschrift für ostkirchliche Kunst. Bochum 1993, 46–52.

Berthold Altaner / Alfred Stuiber: Patrologie. Leben, Schriften und Lehre der Kirchenväter. Freiburg, Basel, Wien [8]1978 / 1993, 526–532.

Johannes Bours: Halt an, wo laufst du hin? Bildmeditationen. Freiburg 1990, 124–125.

Aloys Butzkamm: Faszination Ikonen. Paderborn 2006, 116–118.

P. Chrysostomus Dahm und P. Ludger Bernhard: Athos. Berg der Verklärung. Offenburg 1959, 133–135.

Maria Cramer: Studien zu koptischen Paschabüchern. Der Ritus der Karwoche in der koptischen Kirche. In: Or. Chr. 49 (1965), 94–97.

Ephräm der Syrer: Lobgesang aus der Wüste. Eingeleitet und übersetzt von Edmund Beck. Freiburg 1967, 52–53.

Christian Feldmann: Henri Nouwen. Glaube heißt Sehnsucht. Freiburg 2006.

Karl Christian Felmy: Das Buch der Christus-Ikonen. Freiburg 2004, 120–131.

Helmut Fischer: Maria im Verständnis der Kirchen und die Gottesmutterikone. Petersberg 2006, 94–96.

H. P. Gerhard: Welt der Ikonen. Recklinghausen [7]1980, 35; 150.

Emanuele Grassi: Berg Athos. Eine Pilgerfahrt zum Berg der Asketen. Erlangen 1986, 169.

Paul Huber: Athos. Leben, Glaube. Kunst. Zürich und Freiburg [3]1982, 133, 318–319.

Vladimir Ivanow: Das große Buch der russischen Ikonen. Freiburg [2]1990, 41–45.

Johannes von Damaskus: Genaue Darlegung des Orthodoxen Glaubens. Übersetzt und eingeleitet von Dr. Dionys Stiefenhofer. Bibliothek der Kirchenväter. Band 44. München 1923, LXVII–LXXXVIII. 227–230.

Lexikon der Serbisch-Orthodoxen Kirche. http://Lexikon.freenet.de/Serbisch-Orthodoxe_Kirche

Tadros Y. Malaty: Die Gottesmutter bei den Vätern und in der koptischen Kirche. Herausgegeben von Klaus Gamber. Regensburg 1989, 66.

H. Menges: Die Bildersprache des hl. Johannes von Damaskus. Münster 1938.

Andreas Müller: Berg Athos. Geschichte einer Mönchsrepublik. München 2005, 79–85.

Maria Gionanna Muzj: Ganz Auge, ganz Licht, ganz Geist. Einführung in die Betrachtung der Ikonen. Würzburg 1989, 119–123.

Henri J. M. Nouwen: Ich hörte auf die Stille. Sieben Monate im Trappistenkloster. Freiburg [6]1981.

– Höre auf die Stimme, die Liebe ist. Geistliche Deutung der Geschichte von Jesus. Freiburg 2003.

Boris Rothemund: Handbuch der Ikonenkunst. München 1966, 251–253.

Philip Sherrard: Athos. Der Berg des Schweigens. Lausanne und Freiburg 1959, 59–62.

Franz Spunda: Legenden und Fresken vom Berg Athos. Stuttgart 1962, 17, 105.

Helmut Starrach: Der Ruf des Athos. Erfahrungen und Begegnungen auf dem Heiligen Berg. Freiburg 2002, 56–74.

Martin Tamcke: Das orthodoxe Christentum. München 2004, 66–69.

Alfred Tradigo: Ikonen. Meisterwerke der Ostkirche. Berlin 2005.

Ikonen öffnen nach alter christlicher Tradition ein Fenster zur Ewigkeit. Wenn wir uns einer Ikone zuwenden, dürfen wir darauf vertrauen, dass der dargestellte Heilige uns liebevoll anschaut und Gott näherbringt.

Die Ikone
»Gottesmutter mit drei Händen« (Tricherusa),
deren Original im 19. Jh. in Griechenland geschrieben wurde, können Sie als hochwertige Reproduktion vom Media Maria Verlag beziehen.

in Griechenland gefertigt
mit Zertifikat und Siegel

in Siebdruck auf Leinwand
mit Schlagmetall veredelt
Größe: 15 x 19 cm

Zu bestellen bei Media Maria Verlag, 89257 Illertissen
Tel.: 0 73 03/95 23 31-0
buch@media-maria.de
www.media-maria.de

Peter Dyckhoff

Sterben
im Vertrauen auf Gott

Das Anliegen des Buches »Sterben im Vertrauen auf Gott« besteht darin

- uns unsere eigene Sterblichkeit bewusst zu machen
- anzuregen, uns mit dem Sterben zu beschäftigen und entsprechende Vorbereitungen zu treffen
- den Gedanken an die Endlichkeit des Lebens aufzugreifen, damit das Leben in seiner Begrenztheit einen neuen und tiefen Wert erhält. Der Blick für die Würde des Lebens und damit verbunden die Würde des Sterbens soll geschärft und kultiviert werden;
- zu ermutigen, das sich ständig verändernde Leben in seiner Gebrechlichkeit anzunehmen und das Vertrauen in den barmherzigen Gott immer wieder neu einzuüben
- das Wesentliche im Leben in den Blick zu nehmen und ein Gespür von dem vermittelt zu bekommen, was auch im Angesicht des Todes noch Bestand hat
- aufzufordern, Kranke zu besuchen und Sterbenden beizustehen. Kein Werk der Barmherzigkeit ist größer und nutzbringender als dieses.

Geb., 12 x 19 cm, 224 Seiten, mit Lesebändchen
Mit elf Kupferstichen und dreizehn Ornamenten des Meisters E. S.
ISBN 978-3-9816344-3-3

Peter Dyckhoff

In der Stille vor dir

Gebete

Peter Dyckhoffs Gebetbuch ist die Frucht jahrzehntelanger Beschäftigung mit den Quellen christlicher Spiritualität: von Basilius, Augustinus, Franziskus, Dominikus über die spanische Mystik von Teresa von Avila und Johannes vom Kreuz bis zu Thomas von Kempen. Alle Gebete sind etwa 112 Stichworten zugeordnet, die unterschiedliche Anliegen und Lebenssituationen aufgreifen. Die alphabetische Anordnung dieser Stichworte macht den Gebrauch des Gebetbuches sehr einfach.

Geb., 10,5 x 15,5 cm, 256 Seiten, mit Lesebändchen
ISBN 978-3-9815698-0-3